枡野俊明
Masuno Shunmyo

六〇歳から「生まれ変わる」禅の作法

毎

六〇歳から「生まれ変わる」禅の作法

もくじ

第1章 楽しいことをやるのではなく、やることを楽しむ発想

老いにはこんな「いいこと」がある　8
五〇歳から老いの準備をしておく　12
仕事のスキルを活かす　14
「まず踏み出す」ことが大事　16
子どもの頃の「ワクワク感」を思い出してみる　20
やりきったら、どんなことでも楽しくなる　22
時間の使い方を〝贅沢〟に変えてみる　26
プロセスを楽しむ　30
誰かの役に立つという発想　32
生活リズムを組み立て直す　34
やったことがない身近なことに目を向けてみる　36
メモをとる習慣をつける　40
おしゃれをしてみる　42

第2章 現役時代の人間関係を一度「ご破算」にする

現役時代の「肩書き」にしがみつかない　48
新しい「立ち位置」を確立する　52
「聞き上手」がつきあいの輪を広げる　56
「会いたい人」を一人もつ　58
「自利」から「自利利他」に切り替える　62
いまからがほんとうの〝異業種交流〟の始まり　64
新たな人間関係は「挨拶」から始まる　66
たわいない会話が教えてくれること　70
同窓会に潜む意外な落とし穴　72
バランスのとれたつきあいをする　74
一人の時間を大切にする　76
話し癖をチェックしてみる　78
わからないことは聞き直す　82
家族のペースを崩さない　84

第3章 毎日を充実させる「朝のすごし方」

どんな一日になるかは朝で決まる 90
目覚めたことに感謝する 94
朝、手を合わせる習慣をもつ 98
季節の移ろいを感じる 100
一杯のお茶を丁寧に淹れる 104
朝、鏡を見る 108
明日の〝ワクワク〟を思って眠りにつく 112
お粥のすすめ 114

第4章 禅が教えるお金の「考え方」「使い方」

お金は人生を豊かにする「道具」と考える 120
お金に振りまわされない「知足」とは 124
お金の使い方に優先順位をつける 128
クレジットカードは海外限定で使う 132
「老後資金情報」に惑わされない 134
ときどき〝贅沢〟を計画する 136
質のいいものをひとつもつ 138
見栄を張らず、身の丈に合った金銭感覚をもつ 140

第5章 健康についてどう考えるか

上手に歳をとるコツ 144
健康オタクにならない 146
楽しく、健康になる秘訣 148
身体は〝無理せず〟〝甘やかさず〟がいい 150
主治医をもつ 152
医療の基礎知識は頭に入れておく 154
病気とどう向き合うか 156

裸足の心地よさを知る 158
朝の散歩で、身体も心もリフレッシュ 162

第6章
いい人生を締め括る、禅の「仕舞い支度」

相続させるのは「金品」ではない 168
感謝の思いを伝えていく 172
積み残したものを拾っていく 174
年のはじめに「遺偈」を書く 176
生ききるということ、死にきるということ 178
臓器移植をどう考えるか 182
葬儀はどうするか 184
「戒名」とは何か 186
献体をどう考えるか 188
お墓は必要か 190

付録
坐禅のすすめ

朝の時間に坐禅を取り入れる 194
坐禅の所作 196
椅子坐禅の所作 202

あとがき 204

装画・本文イラスト：浅田邦博
ブックデザイン：Studio M. C.

第1章

楽しいことをやるのではなく、やることを楽しむ発想

老いにはこんな「いいこと」がある

「老い」について、みなさんはどんなイメージをもっていますか。おそらくは、衰え、退屈、目的の喪失……といった後ろ向きのイメージを老いと重ねている人が少なくないのではないでしょうか。

しかし、いまは「人生一世紀時代」にもなろうとしています。かりに六〇歳を老いの出発点とすれば、そこから四〇年もあるのです。その長い時間を後ろ向きに生きるのではあまりにもったいないとは思いませんか。

そもそも老いることにはマイナスの要素、デメリットしかないのでしょうか。たしかに、体力は三〇代、四〇代に比べれば低下するでしょう。女性には容色の衰えも気になるところかもしれません。

しかし、それらは加齢にともなう自然な現象ですから、いくら気に病んでもどうにかなるというものではないのです。もっといえば、そこに目を向けているから、後ろ向きになってしまうといってもいいのではないでしょうか。

「めっきり体力がなくなってしまった。これじゃあ、いまから何か始めようと思っても、身体がいうことをきかないな」

「シワもこんなに増えたし、肌のツヤもなくなった。人前に出るのがなんだか恥ずかしくて……」

という案配です。視点を変えることです。目を転じれば、老いの「いいこと」が見えてきます。

仕事をしている間は、さまざまなしがらみがありますし、いろいろなものに縛られてもいます。たとえば、仕事でかかわっている人とは、ソリが合わなくてもつきあわないわけにはいきませんし、会社から課されているノルマを達成するために、残業や休日出勤をしなければならないこともあるでしょう。

その背景にあるのは、生活を成り立たせるため、家のローンを払うため、子どもに教育を与えるため……といった思い。つまり、「○○のため」という義務感、使命感です。それも縛りといえるでしょう。

なかでも大きな比重を占めているのは、やはり仕事とそれに関連する人間関係ではないでしょうか。リタイアの時期には、少なくともそれからは解放されます。しがらみや縛りは確実に軽減されます。

これは老いの最大のメリット、現役時代には得られなかった最高に「いいこと」だといっていいのではないでしょうか。

「きょうは得意先のAさんと食事だ。どうもあの人は苦手なんだなぁ。これも仕事のうちだからしかたがないとはいえ、ひどく憂うつになってきた」

「せっかくコンサートのチケットがとれたのに、仕事のもち帰りで行けなくなってしまった。楽しみにしていたのに、残念なことこの上なしだよ」

こうしたことがなくなるのです。〝憂うつ〟も〝残念な思い〟も、人生を謳歌するうえでの邪魔者でしかありません。それらがなくなることは、人生を謳歌する時機がまさに到来したということではありませんか。

その時機を十二分に生かすには、それまでを「リセット」することです。それまでの生活、考え方、行動の仕方……などをいったんご破算にする。そこで生まれ変わる意識をもつといっていいかもしれません。

こんな禅語があります。

「**前後際断**《ぜんごさいだん》」（『正法眼蔵《しょうぼうげんぞう》』「現成公案《げんじょうこうあん》」巻）

日本で曹洞宗を開かれた道元禅師《どうげんぜんじ》はその意味を次のように説明されています。

薪《まき》は燃えると灰になります。ですから、灰は薪の延長線上にあると見えます。言葉を換えれば、薪は灰の「前」の姿であり、灰は薪の「後」の姿であって、両者は繋がっていると見えるわけです。しかし、道元禅師はそうではないといいます。薪は薪で絶対の姿であり、灰は灰で絶対の姿である。両者は繋がっているように見えるが、断ちきられているのである。それが道元禅師の説明です。

薪も灰も絶対の姿なのですから、その絶対の姿をまっとうすればいい。道元禅師がいわんとしたのはそういうことでしょう。この禅語は示唆に富んでいます。

つまり、現役生活の延長戦上に老いの生活があるのではないのです。現役生活も絶対、現役を退いた老いの生活も絶対で、両者は断ちきられている。まず、そのことを腹に据えましょう。

そうすれば、現役時代から離れて、その時代のことはリセットして、新たな気持ちで老いを生きることができます。老いを楽しむ、充実させるための前提はそこにあるのだと思います。

「前後際断」は生まれ変わって老いを生きるうえでの重要なキーワードです。

五〇歳から老いの準備をしておく

現役を退いて自由な時間がたっぷりあるのに、何をしたらいいのかわからないという人がいます。その結果、なすこともなく日が暮れる毎日をすごすことになる。配偶者から家にいることを疎まれたり、「濡れ落ち葉」と揶揄《やゆ》されたりするのがこのタイプといっていいかもしれません。

しかし、それまで仕事のことしか頭になかった人が、仕事を辞めてリセットしたら、すぐにもやりたいことがそこにあるでしょうか。むしろ、したいこと、することが見つからないことのほうが一般的ではないかと思うのです。

禅ではよくこんな話をします。春になると花々が開きます。しかし、ひとつの木であっても花がいっせいに咲くわけではありません。あたたかな春風が吹くと、それに触発されて、大きくふくらませた蕾《つぼみ》から順に開花していくわけです。

蕾を大きくふくらませるというのは「準備」です。その準備ができているから、いち早く春風に反応して咲くことができる。そう、この話は準備をすることの大切さをお伝えする際にするのです。

老いにも準備が必要です。五〇歳をすぎたあたりから、少しずつ準備を進める。もちろん、現役でいる以上、仕事にプライオリティがあることはいうまでもありませんが、その年代になれば、部下や後輩に仕事をまかせる場面も増えてくるでしょうし、自分の裁量で時間を使えるようにもなってくると思います。

準備のための時間をつくるのはそう難しくはないはずです。その時間にやりたいと思っていることに手をつけてみる。たとえば、「時間ができたらのんびり一人旅をしてみたいなぁ」と思っているのであれば、そのための準備はたくさんあります。目的地の選定、交通手段の調査、宿のリストアップ、周辺の見どころの物色……。実現するのは先ですから急ぐことはありません。

仕事の合間に時間を見つけて、少しずつ、プランを固めていけばいいのです。準備がととのっていれば、リセットしてすぐにでも「さあ、プラン①の実行。明日から一週間、一人旅に出よう」ということにもなります。すぐにも動くことができるのです。

一〇年間くらいの長期展望をもって準備をする。これも老いを充実させるポイントのひとつです。

仕事のスキルを活かす

リタイア後は存分に趣味を楽しみたいと考えている人は少なくないようです。それまで時間の制約などがあって、なかなか打ち込めなかった趣味を生活の中心に据えるのは、老いをいきいきと生きる理想的な姿かもしれません。

わたしとご縁のある方のご主人がまさにそれを実践しています。学生時代にテニスをしていた方ですが、サラリーマン生活をしている間はなかなかできず、リタイア後に復活させたのです。

かなり熱心に取り組んだのでしょう。メキメキと腕を上げ、現在ではテニスクラブでインストラクターをするまでになった。当然、収入もあるわけですから、文字どおり、趣味と実益を兼ねた生活をリタイア後にしているのです。

指導するのは女性がほとんどということもあるのでしょうか。七〇歳をすぎてなお、「毎日が楽しくてしかたがない」とおっしゃっているそうです。

もっとも、現役時代は仕事一筋でやってきて趣味といえるものはないという人もいるでしょう。そんな人がリタイア後に一から趣味を見つけるのは大変です。そうであれば、仕事で身につけたスキルを活かすことを考えたらいかがでしょう。

たとえば、営業職についていて顧客相手に商品説明や販売交渉を重ねてきたという人は、しゃべるのが得意なはずです。つまり、上手に話す技術をもっている、そのスキルが高いということです。

これは十分に活かせます。ボランティアの地域ガイドなどはもっとも活かし甲斐のある分野ではないでしょうか。どの地域にも歴史があり、伝統や語り継がれている故事などがあります。

それらを勉強して、鍛え上げたみごとな〝語り口〟でそこを訪れるみなさんに紹介する。観光地、景勝地などにはボランティアガイドの会がありますし、行政が主導する組織もあるはずですから、道筋をつけるのは難しくないと思います。

江戸時代の儒学者・佐藤《さとう》一斎《いっさい》にこんな言葉があります。

「**少にして学べば、則ち壮にして為すこと有り。壮にして学べば、則ち老いて衰えず。老いて学べば、則ち死して朽ちず**」（『言志四録』）

勉強（学び）はどの年代にあっても成長の糧であり、衰えないため、朽ちないための妙薬です。おおいに学び、たっぷり語りましょう。

「まず踏み出す」ことが大事

仕事はもちろんそうですが、何をするにもプランニングは大切です。しかるべきプランを立て、それに沿って行動していくことで、思い描いた結果に結びつく。これはひとつのセオリーでしょう。

プランもなく、ただ闇雲に動くのは軽挙妄動というしかありません。しかし、その一方で、プランにこだわるあまり、なかなか動けなくなることもあるから、少々、やっかいなのです。

禅には「**禅即行動**《ぜんそくこうどう》」という言葉があります。とにかく動く、一歩を踏み出す、そのことが大切である、という意味です。前の項目で「準備」についてお話ししましたが、それはリタイア前に準備をしておくこと、プランを練ることの重要性について示したもので、いざリタイアしたら、そこからは行動に重きを置くべきです。

面白そう、楽しそう、やってみたい……と思うことがあったら、プランニングは早々に切り上げ、ひとまず取り組んでみればいいのです。たとえば、

「健康のためでもあるし、ウォーキングでもやってみるか」と思ったら、とにかく歩く。いまは高度な情報化社会ですから、どんなことについても情報がこれでもかというほどあります。それが動きを鈍くしている面があるのは否めないでしょう。

ウォーキングにしても、そのノウハウは当然、ウエアについての情報、シューズについての情報など、〝関連情報〟があふれかえっています。そこで、「ウォーキングシューズってこんなにあるのか。さて、どれがいいかな……」ということにもなるわけです。まあ、それも事前プランといえますが、シューズ選び、ウエア選びといったことに時間をかけていたら、肝心の「歩く」ことに踏み出すタイミングが、どんどん先送りになってしまいます。

そのうちに「ウォーキングでもやってみるか」という意欲そのものがしぼんでいくということにもなりかねません。思ったのに行動しないというパターンです。

ふだん履きのスニーカーにお古のスウェットでいいではないですか。朝起きたら歩いてみましょう。ウォーキングを身体で実感するのです。それが自分に合っているか、それを楽しい、面白い、と感じられるかは、体感しないかぎりわかりません。

「冷暖自知《れいだんじち》」(『景徳伝灯録《けいとくでんとうろく》』)

そんな禅語があります。器に入っている水が、冷たいか、暖かいかは、いくら眺めていても、どんなに考えてもわからないが、実際に手で触れてみれば瞬時に知ることができる、ということをいったものです。

体感にまさるものなし。それが禅の考え方です。

時間もかけ、お金もかけて、シューズを選び、ウエアを選び、完璧なスタイルをととのえてウォーキングを始めたものの、

「どうも、これは自分には合わない。続けられそうもないな」

ということにならないとはいえないのです。

そこでやめてしまったら、おおいなる時間の浪費、お金の無駄づかいということになりませんか。家人から、

「格好をつけるばかりで、何をやっても続かないんだから……」

という冷たい視線を向けられることにもなりそうです。入念すぎるプランは〝裏目〟に出ることも多いのです。

一事が万事でしょう。

「これからは芸術的なものに触れて暮らしてみたい」

と考えるのであれば、美術館に足を運んだり、音楽のコンサートに出かけましょう。もちろん、画集を見る、ＣＤを聴くのもいいですが、「現場」にはそこにしかない生の感覚、空気感といったものがあります。

体感という点ではやはり現場が格段に上です。「面白そう」「楽しそう」と思えるものはけっこう見つかるのではないでしょうか。しかし、一歩を踏み出さないと、いつまでたっても「○○そう」のままです。

それを「面白い」「楽しい」にするには体感しかありません。六〇歳を超えても、やる気、元気、勇気はまだまだ枯れていないのが現代人です。一歩踏み出すことを妨げるものなどないのです。

「思いたったが吉日」という諺もあるではありませんか。興味のアンテナに引っかかったものには、ためらうことなくすぐさま取り組んでいく。それが「老いてますます盛ん」の生き方に繋がるのはいうまでもないでしょう。

子どもの頃の「ワクワク感」を思い出してみる

やりたいことを見つけるとっておきの方法として、わたしがいつもおすすめしていることがあります。子どもの頃の「ワクワク感」を思い出すというのがそれです。

誰にでも子どもの頃に夢中になったことがあるはずです。それをしているときはワクワクして、時間の経つのも忘れていた。そんな「それ」を一度思い出してみてはいかがでしょうか。

子どもには損得勘定といったややこしいものはありませんし、周囲の目を気にすることもありません。ですから、子ども時代にワクワクしたこと、夢中になったことは、ほんとうに好きですし、それをすること自体が面白い、楽しいと感じていたのです。

年を経たからといって好きなことに対する傾向や気質は変わることはありません。三つ子の魂百までです。

たとえば、子どもの頃は日が暮れるまで外遊びをしていたという人は、身体を動かすことが性に合っていて、自然のなかにいるのが好きなのです。つまり、その方面でやりたいことを探すと見つかりやすいのです。

自然の散策などに出かけてみると、それがやみつきになり、週に一度くらいは出かけないと、身体がムズムズしてくるということになるかもしれません。さまざまなところを散策して、四季折々の花々を愛でたり、風景に感動したりすることが、何よりの楽しみになるなんて、リタイア後の素敵な暮らし方ではないでしょうか。

「そういえば、子どもの頃は暇さえあれば絵を描いていたなぁ」

そんな人はあらためて絵に取り組んだらいかがでしょう。仕事をしている間は絵を描くことなどまったくなかったとしても、〝絵心〟はまちがいなく残っていますし、絵筆をとることでそれが再び目覚めます。

作品が少しずつ増えていくのも楽しみですし、それを親しい友人や知人に差し上げて、喜んでもらえたら、創作意欲もさらに高まることになるはずです。時候の挨拶状や年賀状に絵を添えたりすれば、印刷したものが多い昨今、受けとった人の胸に印象深く残ることにもなるでしょう。

リタイア後を虚しい時間にしてしまう「元凶」といっていいのが、手持ち無沙汰で一日をすごすことです。やりたいことがあって、しかもそれにワクワクできる。子ども時代に目を向け、そんな日々を送りましょう。

やりきったら、どんなことでも楽しくなる

「リタイア後は自分が楽しめることをしたい」

そんな思いを抱いている人は少なくないと思います。現役時代は会社の利益をあげるために働くという大前提があります。ですから、自分の意に染まないことやつらいと思うことでも、我慢してやらなければなりません。

たとえ、やりがいを感じられる仕事に就いている人でも、仕事のすべてが楽しいというわけにはいかないでしょう。そこで、仕事から解放されたら楽しさを求める。ごく自然な発想です。

では、楽しむためには何が必要でしょう。ゴルフ好きの人がゴルフ三昧の日々を送れれば、たしかに楽しいにちがいありません。しかし、リタイア後の経済的なことを考えれば、思いのままにゴルフができる人はそう多くはないのではないでしょうか。

楽しむ方法はほかに求めたほうがいいようです。わたしは何であれ、そのことをやりきることで楽しさが生まれると考えています。中途半端にしたのでは楽しいと感じるまでい

かないのです。

　前に例にあげた地域ガイドにしても、中途半端な勉強でありきたりの情報をサラッと集め、それを伝えるだけだったらどうでしょう。おそらく、ガイドをされる側の反応はこんなものになります。

「その程度のことはパンフレットを読めばわかる。こんなことならガイドなんかいなくて、自由に歩いたほうがよかった」

　ガイドされる側にそんな思いがあったら、それはガイドをする側にも伝わります。楽しさが生まれるわけもありません。

　一方、ルートにあるガイドポイントについて徹底的に勉強したらどうでしょう。たとえば、そこにお寺があれば、住職にじっくり話を聞いて、パンフレットには載っていないとびきりのネタを仕入れておく。

　代々続く老舗があったら、過去の名物当主のエピソードや商品開発の秘話などを調べておく。

　ガイド中にそれらを開陳すれば、ガイドされる側の反応はよほど違ったものになると思いませんか。

「へぇ〜、そんなことがあったのか。面白い話が聞けてよかった」

「なるほど、この商品が長年売れている理由はそこにあったのか。老舗ってさすがに奥が深いなぁ」

きっとそんなふうに感じるはずです。ガイド終了時には感謝の言葉をかけられるのはまちがいのないところです。もちろん、ガイドする側は喜んでもらえたということが実感できます。

自分のしたことが人に感謝された、喜んでもらえた。それ以上の充実感はありませんし、楽しさをヒシヒシと感じられるのではないでしょうか。〝勉強〟意欲がさらに高まることになるのは必定です。

楽しさの源は、その時点で自分のできることをやりきったことにあります。禅語をひとつ紹介しましょう。

「**大地黄金**《だいちおうごん》」（『正法眼蔵』「現成公案」巻）

どんなところにいても、そこで精いっぱいの自分を尽くせば、その場所が黄金に輝いてくる、という意味です。はじめから黄金に輝いている場所があるわけではないのです。そこで一生懸命につとめる自分が、その場所を輝かせるのです。

これを少し〝翻訳〟すれば、こういうことがいえそうです。はじめから楽しいことがあるわけではない。そのことをやりきることで、それが楽しくなるのだ。これは重要な発想です。

すでに楽しいことがいくつも見つかっている人はいいのです。思いきり、そのことを楽しめばいい。しかし、見つからない人はこの発想で動いてみてください。「やりきったな」というところまで、そのことに取り組むのです。

必ず、そこに楽しんでいる自分がいます。

時間の使い方を〝贅沢〟に変えてみる

ビジネスパーソンの現役時代に、いちばん制約を受けるのは何でしょうか。これはいうまでもなく時間でしょう。少なくとも八時間は就業するのが、会社を問わず、規定となっていますし、残業しなければならないこともあるはずです。また、自宅に戻ってから仕事に関することに時間を使うこともあるのではないでしょうか。

事実、ビジネスパーソンからは「とにかく忙しくて時間がない」という声がよく聞こえてきます。多くの時間が仕事に費やされているのが現役時代です。

リタイアを境にしてその制約がなくなります。ここは〝贅沢〟に時間を使いたいところです。それを実現するためのキーワードは「利便性から離れる」ということではないか、とわたしは思っています。

仕事には効率が求められます。ですから、どうしても利便性を重んじることになります。出張でも新幹線を利用するのが常識ですし、かなり遠方でも可能なら朝一番の飛行機で現地へ赴き、最終便で戻るといったことにもなる。

その利便性のなかで時間をやりくりするのがビジネスパーソンの宿命、あるいは習い性といっていいかもしれません。

リタイア後はその習い性からいち早く抜け出す。別のいい方をすれば、利便性から離れて、時間の使い方を考えましょうということ。旅に出かけるにしても、ローカル線を利用する。窓外の景色をゆっくり眺め、お目当ての駅弁を頬ばるなんて、現役時代にはできなかった旅でしょう。

興味を惹かれる土地があったら、途中下車して宿をとってもいい。見知らぬ地を気ままに歩くといったことも、時間の制約がないからこそ、利便性から離れてこその醍醐味です。そこに流れているのは贅沢な時間です。

禅にこんな言葉があります。

「汝は十二時に使われ、老僧は十二時を使い得たり」（『趙州録』）

中国唐代に生きた趙州《じょうしゅう》従諗《じゅうしん》禅師《ぜんじ》の言葉です。ある僧が趙州禅師にこう尋ねます。

「刻々とすぎていく十二時（一日二四時間のこと）をどのような心がまえですごしたらよいものでしょうか？」

それに対する返答がこれですが、その意味は、

「おまえさんは時間に使われているが、わし（老僧）は自在に時間を使っておる」

ということです。時間に使われているとは、時間に追われるなかで、主体性を失っていること、自在に時間を使うとは、確たる主体性をもって時間を生きることだといっていいでしょう。

この言葉を借りれば、現役時代は前者、すなわち、時間に追われ、主体性を失った時間の使い方に近いのではないでしょうか。しかし、リタイア後はそれを後者に変えることができます。

先にあげた利便性から遠く離れた、思うがまま、気ままな旅などはその実践といえるでしょう。気に入った地に降り立つのも、鄙《ひな》びた宿に泊まるのも、自由に散策するのも、何ものも介在しない、誰かに強いられることもない、まさしく主体性の発露としての行動です。

日常生活のなかでも贅沢な時間の使い方はできます。わたしは夕暮れどきに境内にいるときなど、沈みゆかんとする夕陽をただぼぉーっと眺めることがあります。茜色の空がしだいに変化していき、やがて山並みのシルエットをくっきり浮かび上がらせていく……。

たしかな時の移ろいを感じるとともに「ああ、綺麗だ」という思いだけが心にも身体にも満ちてきます。そして、その移ろいのなかで自分が生かされていることへの感謝の念が湧いてくるのです。

わずかな時間ですが、とても贅沢な時間です。

日本には古くから伝わる「月見」という風習があります。いまは、とりわけ都会ではすっかり姿を消してしまっているようですが、中秋の名月の美しさは際立っています。秋の一夜、庭にでもベランダにでも出て、涼風のなか、ただ、ただ、そのやわらかな光に包まれてしばしのときをすごす。

これも贅沢な時間でしょう。

ちなみに、禅では月を真理（悟り）に重ねます。その贅沢な時間は真理に触れるときであるかもしれません。ぜひ、そんな時間をもってください。

プロセスを楽しむ

リタイア後に家庭菜園を始める人が少なくないと聞きます。ある程度の大きさの畑を借りてというものからベランダのプランターでというものまで、規模はさまざまのようですが、わたしは双手をあげて賛成します。

現在のビジネス界の仕事に対する考え方は成果主義、つまり、結果を出せるかどうかが評価の対象になっています。結果にいたるまでのプロセスはほとんど考慮されず、そこでいくら努力したとしても、結果が出せなければダメ出しされることになるのではないでしょうか。

その是非については議論があると思いますが、ビジネスパーソンはその世界で長い間生活してきたわけですから、必然的に目は結果にばかり向けられ、プロセスへの意識は薄かったのだと思います。

禅はこれとは逆の考え方をします。大切なのはゴールに向かう一歩一歩のプロセスであって、結果はあくまであとからついてくるものでしかないとするのです。家庭菜園は、その禅の考え方の実践です。

土壌をつくり、タネをまき、水や肥料を与え、日々見守って必要な世話をする。おおまかにいえば、それが家庭菜園の作業だと思いますが、相手は野菜という「命」ですから、刻々と成長し、変化もします。

芽吹いてから収穫できるようになるまで、一瞬たりともとどまってはいないのです。その変化のプロセスに常に目配り、気配りをしていく。それはプロセスを大切にする作業にほかなりません。

さらに、心弾む作業でもあります。「おっ、芽が出たぞ」「こんなに伸びてきた」「花が咲いた」「小さな実がついた」「実の色が変わってきた」……というふうに折々に感動と発見があるからです。もっといえば、日々小さな変化を垣間見せてくれるといってもいいでしょう。

こんなにプロセスを楽しめる作業はそうザラにはありません。結果がすべてだった現役時代には経験したことがない喜びがそこにはあるはずです。

しかも、丹精込めて世話をすれば、必ずみごとに結実してくれます。

みずから育てた野菜をありがたくいただく。その楽しみも加わります。リタイア後にまず手がけることとして、家庭菜園はトップランクです。

誰かの役に立つという発想

仕事に就いていた現役時代は、よくも悪くも会社という「看板」を背負って生きています。その看板のもとで会社の役に立つこと、そのことを通して社会の役に立つことが、ひとつの生きる指針であり、目的でもあるというところがあったのだと思います。

さて、看板が外れてそれまでの指針、目的が失われたリタイア後には、何がそれに取って代わるのでしょう。指針、目的というよりは、生きる拠り所といったほうがいいと思いますが、それを見据えておくことが大切です。

拠り所がないと、何をしていいかも見えてこず、一日中することもなく、テレビを観るともなしに観ている……といった生活になりやすいからです。表現は少々、穏当を欠きますが、いわゆる「粗大ゴミ」的存在になりかねないのです。

もちろん、拠り所はそれぞれちがっていいわけですが、ひとつ根っこに据えておいていただきたいのが「誰かの役に立つ」という発想です。組織の一員として会社の役に立つというのが現役時代の発想だとすれば、今度は個人として誰かの役に立つという発想に切り替えるのです。

何をすれば、もっといえば、どう生きたら、誰かの役に立つだろうか、ということを発想の原点にすれば、人びとが欲していること、社会が求めているものに対して敏感になります。それがわからなければ、役に立つ行動はとれないからです。

自分が生活している地域社会というレベルで考えれば、それらを知るためには地域の人たちとコミュニケーションをとることが必要でしょう。それは、町内会に顔を出してみようという行動にも繋がります。

それが次の行動を引き出す。町内会にはさまざまな役割があります。その役割のひとつを担う。現役時代に経理畑にいたという人なら、そのキャリアを活かして会計係を買って出る、イベント関係の仕事をしていたなら、町内イベントのプランナーに手をあげる、といった案配です。

周辺住民の役に立つ、地域社会の役に立つ行動、生き方がそこにあります。これはほんの一例ですが、「誰かの役に立つ」という発想は、何らかの行動を引き出すエネルギー、原動力になるのです。

所在なく毎日を費やしている場合ではありません。あなたの「誰かの役に立つ」ことを早速、見つけてください。

生活リズムを組み立て直す

現役時代とリタイア後では生活スタイルが大きく変わります。ですから、本来、リタイア後の生活スタイルに合ったリズムに組み立て直すべきなのです。生活の多くを仕事が占めている現役時代は、リズムの中心も仕事になりますから、それに合わせて起床時間が決まり、朝食時間、出勤時間……就寝時間などが決まってくるわけです。

リタイアすることで、それまでのリズムはご破算です。そうであるにもかかわらず、多くの人が新しいリズムの組み立てをしていないのではないでしょうか。それが、朝いつまでも寝ていたり、朝食をとらなかったり、昼間ゴロゴロしていたり、夜遅くまで起きていたり……といった〝乱れた生活〟の原因にもなっている、とわたしは思っています。

水は低きに流れ、人は易きに流れる、という諺がありますが、いったん生活を乱してしまうと、どんどんそれが嵩じて歯止めがきかなくなるものです。現役時代は仕事というタガがあって、それが歯止めの役割を果たしていたわけですが、そのタガがなくなるのですから、リタイア後こそ、しっかりした生活リズムの組み立てが必要なのです。

まず、起床時間と就寝時間、朝食、昼食、夕食の時間を決める。それだけでもリズムはグンとととのってきます。小中学生の頃は誰もが「時間割」をつくっていたと思います。あの要領で生活の時間割をつくったらいかがでしょう。

すでにやることが決まっている時間帯があればそれを書き込む。その曜日の欄に「一〇時～一一時／囲碁教室」「一五時～一七時／テニス」……といった具合です。時間割があれば、空いている時間もひとめでわかりますから、友人からお誘いがあったときなども、「ＯＫ」「ＮＧ」の返答がすぐにもできます。時間割はリズムをととのえ、規則正しい生活を送るためのすぐれたツールです。そして、規則正しい生活は健康を保つために不可欠の条件です。こんな禅語があるのをご存知でしょうか。

「**身心一如**《しんじんいちにょ》」（『正法眼蔵』「弁道話《べんどうわ》」巻）

身体と心は一体のもので、切り離すことができないという意味です。リタイア後の生活を楽しく、豊かなものにするにはなんといっても健康が大事。身体が健康であれば、身心一如ですから、心もおのずと健全になるのです。

リタイアした直後、数日間から一週間は現役時代にできなかった朝寝をしたり、無為に時間をすごすのもいいでしょう。しかし、それがすぎたら新リズム組み立てに着手です。

やったことがない身近なことに目を向けてみる

新たなこと何にでも挑戦できる。それがリタイア後の時間です。しかし、「何にでも」という選択肢の幅の広さが、かえって行動を妨げるという面もあるように思います。少し突飛な例ですが、ちょっとダイエットのことを考えてみてください。

いまはダイエット法が星の数ほどもあります。つまり、選択肢がかぎりなくある。そこで、「あれがいいかな。いや、こちらのほうが。まてよ、やっぱりこっちか……」ということにもなる。つまり、選択肢の多さは迷いのもとでもあるわけです。迷っている間は行動に移れません。

もし、そういう状況であったら、身近なところに目を向けてみてはいかがでしょうか。いまの若い世代は家事も育児も分業制というケースが増えているようですが、そのひとつ前、ふたつ前の世代は家庭のことは配偶者まかせということが多かったのではないでしょうか。実際、

「家のことはすべて妻にまかせている」

と公言していたという人は少なくないはずです。そうであったら、それまでやったことがなかった家事に目を向けてみる。たとえば料理です。かなり前から中高年男性向けの料理教室も〝意外〟に盛況だと聞いていますし、手がけてみるとけっこうハマる分野かもしれません。

自分がつくった料理を家族が「おいしい、おいしい」と食べてくれたら、嬉しい気持ちになるでしょうし、〝苦労〟も報われたという満足感もあるでしょう。それは、「よし、次はもっと旨いものをつくってやるぞ」という意欲にも繋がる。

場数を踏めば、踏むほど、腕も上がりますから、キッチンに立つのが面白くも、楽しくもなります。男子厨房に入らず、という諺がありますが、それが転じて、余人を厨房に入れず、ということになるかもしれません。

もちろん、家族からも拍手喝采。リタイア後の趣味としてはもっとも好ましいものといってもけっして過言ではないでしょう。

掃除もおすすめです。掃除についてはこんな禅語があります。

「**一掃除《いちそうじ》、二信心《にしんじん》**」

信仰心はいうまでもなく、仏の道を志す者にとって絶対に必要不可欠なものです。しかし、禅ではそれより上位に掃除を置いています。なぜでしょうか。

禅では掃除を単にその場所を片づけること、綺麗にすること、というふうにはとらえないのです。心の塵を払い、磨くこと。それが掃除に対する禅の考え方です。ですから、掃除には精いっぱい心を込め、丁寧に、懸命に取り組むのです。

禅の修行道場の掃除風景を見たことがある人はわかると思いますが、想像を超える勢い、すさまじさです。塵ひとつない廊下を猛スピードで力いっぱい磨き上げる。冬でも全身から汗が噴き出します。心の塵を払い、磨いているのですから、手抜きなどは許されるはずもありません。

もちろん、一般家庭でそこまですることはないと思いますが、掃除によって心の塵が払われ、磨かれることに変わりはありません。部屋を片づけ、綺麗に掃除をしたあとは、心が清々しくなります。

「燃え尽き症候群」という言葉もあるように、リタイア後に急に気力が萎え、気分も沈みがちになる人がいますが、それは心に塵がついた状態でしょう。その意味では、掃除はそんな〝症状〟の特効薬といっていいかもしれません。

「これまでやったこともないのに、いまさら家事をするなど沽券《こけん》にかかわる」

なかにはまだそんな〝古風〟な考え方にとらわれている人がいるかもしれません。しかし、六〇歳（リタイア後）から生まれ変わるのです。生まれ変わるというのはそれまでのいっさいをリセットして、まっさらな状態に戻るということです。

沽券などはリセット前の〝過去の遺物〟の最たるものです。さっさと捨ててしまいましょう。臨済宗の開祖である臨済《りんざい》義玄《ぎげん》禅師《ぜんじ》はこんな言葉を残しています。

「**随処《ずいしょ》に主《しゅ》と作《な》れば、立処《りっしょ》皆《みな》真《しん》なり**」（『臨済録』）

どんなところでも、何をするのでも、みずからを投じていけば、そこに真実の自分がいるのだ、という意味です。家事も同じです。料理でも、掃除でも、とにかく、それに自分を投じてみる、一生懸命取り組んでみる。

そこには真実の自分がいるのですから、心が満たされないはずはありません。

メモをとる習慣をつける

六〇歳をすぎてから同年代の人たちが集まると、決まってこんな話題が出るといいます。「最近、テレビを観ていて出演している俳優の名前が出てこないことがある。顔ははっきりわかるし、名前もまちがいなく知っているはずなのに、出てこないんだよなぁ」

周囲のほとんどは「そう、そう、自分にもある」と共感するそうです。たしかに、年齢とともに記憶力は衰えます。覚えているはずのことが思い出せないという歯がゆさは、六〇歳以降の人の誰もが経験することではないでしょうか。

これは対策を講じる必要がありそうです。何も難しいことではありません。メモをとるというのがその対策。テレビを観ていて、新聞を読んでいて、「これ、面白いな」と感じたり、「このことについてはもう少し詳しく知りたいな」と思ったりしたことは、その場でメモをとるようにするのです。

冒頭の例ではありませんが、「何かを面白いな、と感じたんだが、はて、何だっけ？」「詳しく知りたいと思ったことがあったが、何についてだったかな？」……。そういう事態は必ず起こります。

メモをしておけばそれを回避できますし、メモを読み返すことで新たな行動への道が開けることもあるのです。たとえば、テレビでちょっと目にした日本の「奇祭」に興味を感じてメモをしたとします。あとからメモを読み返して、

「そうだ、ここはひとつ、日本中の奇祭を調べてみるか。こいつは面白そうだぞ」

ということになる可能性は大です。〝奇祭研究〟は情熱を傾けることができる楽しい作業になるでしょう。さらに発展すれば、その地方に赴いて実際に自分の目で見たいという思いにもなる。

市井の「奇祭研究家」としての日々は、充実したものになるにちがいありません。メモをとることをせず、記憶からもなくなってしまったら、その充実感を味わうことはできないのです。

メモは新たに好きなこと、やりたいことを見つけたり、興味の世界を広げたりするためのいわば「データベース」です。最初は面倒くさいかもしれませんが、しばらく続けているると習慣になります。

もちろん、ＩＴに馴染んでいる人は、スマートフォンのメモ機能を活用してもかまいません。

おしゃれをしてみる

業界によってはラフもOK、服装は自由というところもありますが、一般的にはビジネスパーソン（男性）はスーツ、またはジャケットにネクタイ着用というのが服装の基本でしょう。

いってみれば、その〝ユニフォーム〟で現役時代をすごすわけです。もちろん、スーツ（ジャケット）やシャツ、ネクタイなどに凝って、自分のスタイルを打ち出している人もいますが、それはあくまで基本の範囲内でのことですから、自由奔放というわけにはいきません。

自由奔放におしゃれができるのはリタイア後です。しかし、現実にはおしゃれにあまり関心がないように見える人が少なくない気がします。堅苦しいスーツ&ネクタイから解放されたとたん、その反動から一気に身だしなみに無頓着になってしまう。

スウェットの上下をパジャマ代わりにして布団に入り、起きてからもそのまま。近くのコンビニに買い物に行くときも着替えない……。ワンセットのスウェットが「寝巻、起き巻」になっているわけです。

たしかに、一日中着替える必要がないというのはメリットといえなくもありませんし、家族から文句が出ないのだからいいではないか、という言い分も正当性なしとはいいませんが、やはり、「寝巻、起き巻」では生活にメリハリがつきませんし、気分の切り替えもできにくいと思うのです。

服装は心の在り様とかかわっています。Tシャツにデニムといったくだけた服装をしているときは、心もリラックスしていますし、ピシッとフォーマルスーツを着たときは、心も引き締まります。みなさんにもそうした経験があるのではないでしょうか。

その心の在り様のちがいによって、前者と後者とでは所作、立ち居ふるまいもちがったものになります。フォーマルスーツを着てがさつな立ち居ふるまいをする人は、あまりいないでしょう。

そうであれば、寝巻きをそのまま起き巻にしてしまったら、目覚めていない心を引きずったまま、その日一日を始めることになりませんか。繰り返しになりますが、心の切り替え、気分の切り替えがうまくできないのです。

目覚めたら着替えをして一日をスタートさせましょう。

まあ、このあたりまでは、おしゃれ以前の問題。ここからが本題です。

中高年以降のおしゃれでは先入観にとらわれないことが必要だと思います。先入観とは、
「もう六〇歳なのだから、この色は派手すぎやしないか」
「すでに孫もいるのに、こんなデザインはいかにも無理しているように見えないか」
といった思い込みです。それにとらわれていると、デザインは地味、色は控えめという、どこから見ても〝お年寄り〟のファッションになってしまいます。

好きな色はどんどん取り入れる。気に入ったら斬新なデザインにも挑戦してみる。そのくらいの気概があっていいのです。晴れやかな色を身につけると、心も晴れ晴れとしてきます。若々しいデザインを着たら、心も若返ります。

おしゃれの老け込み防止効果はけっして小さいものではないのです。実際、おしゃれに気を配っている人は六〇代、七〇代でもシャキッとしています。背筋が伸びていてとても姿勢がいいのです。

老いは見かけにあらわれます。背中が丸まって前かがみになっていると、見るからに老けた印象を与えますし、腰が立って背中が真っ直ぐになっていると年齢を感じさせません。

姿勢だけではありません。おしゃれな人の立ち居ふるまいは美しいのです。仏教には、「**三業《さんごう》をととのえる**」という言葉があります。三業とは「身業《しんごう》」「口業《くごう》」「意業《いごう》」のこと。身業は所作、立ち居ふるまいですが、それをととのえるためにおしゃれはひと役もふた役

も買うと思います。

だらしない格好をしていれば、自然に立ち居ふるまいも粗雑なものになり、きちんとした格好、つまり、おしゃれをしていれば、立ち居ふるまいはととのった美しいものになるからです。

さらに、三業はたがいにかかわり合っていますから、立ち居ふるまいがととのったら、口業、すなわちものいい方、言葉遣いもととのったやわらかいものになり、意業、心も穏やかで安定したものになるのです。

「そうはいっても、これまでおしゃれにはまったく興味がなかったからなぁ」

そんな人もいるでしょう。でしたら、リタイアを機におしゃれに目を向ければいいではありませんか。おしゃれを始めるのに遅すぎるなどということはありません。しばらく前から〝ちょいワルおやじ〟という言葉が流行り、中年男性のおしゃれが推奨されています。ちょいワルおやじが年を重ねると〝やんちゃジジイ〟になるそうですが、いいじゃないですか、やんちゃジジイ。いくつになっても、おしゃれでいる素敵なおじいちゃまをめざしましょう。

第2章

現役時代の人間関係を一度「ご破算」にする

現役時代の「肩書き」にしがみつかない

仕事を離れたことで大きく変わるのが人間関係でしょう。現役時代は仕事の関係者とのつきあいが主体ですが、リタイア後はそれがなくなります。ところが、これが受け容れられない人がいます。

現役時代の部下に電話をかけ、「どう、今週の木曜日か金曜日あたりに一献？」と誘ったりする。もちろん、現役時代から家族ぐるみのつきあいをしていたということであれば、個人的な関係が結ばれているわけですから、それもいいのですが、上司と部下の関係でしかなかった場合には、相手にとっては迷惑です。

現役続行中の相手には仕事がらみのさまざまなつきあいがあります。すでに会社を去り、かつて上司であったというだけの人間とつきあう気持ちも、時間もなくて当然だからです。

相手から連絡があれば別ですが、こちらからは連絡をとらない。これはリタイア後の人間関係でまずもって心得ておくべきことだと思います。

リタイア後に地域活動に参加したり、趣味の会に出たりすれば、そこで新たな人間関係が生まれます。ここでも押さえておくべきポイントがあります。〝過去〟は断ちきって接するというのがそれです。

これがなかなかに難しいのです。断ちきれない代表例が、自分の現役時代の「肩書き」に触れるというものでしょう。

「じつはわたし、○○社の役員をしておりましてね。大勢の部下を束ねるのは大変だったですね」

「定年を迎えたときは○○銀行の△△支店長でした。△△支店は全国でも預金高トップクラスで……」

といった案配。会社役員や銀行支店長のポストにつくまでには、人並み以上の努力も苦労もあったはずですから、そのことに誇りをもつのはいっこうにかまいません。しかし、リタイアとともに肩書きとは無縁になるのです。

そうであるにもかかわらず、肩書きに触れるのは、ひけらかしですし、肩書きにしがみついていることでしかありません。さて、周囲はそれをどう受けとめるでしょうか。

「ビジネスパーソンとしてずいぶん活躍されたようですね。でも、いまはみんな同じ〝ただの人〟ですよ」

これがふつうの受けとめ方です。肩書きをもち出せば周囲は引いてしまいます。リタイア後の人間関係では必ずそうなります。さらに周囲に不快な思いをさせるのが、ふるまいです。重要なポストにいれば、まわりから丁重な扱いを受けるでしょうし、チヤホヤされることもあるでしょう。しかし、それはその人個人に対するものではないのです。肩書きに対しての丁重さであり、ヨイショです。そのことがわかっていないと、肩書きがなくなってからも、周囲に同じことを求めることになります。これがやっかい。

たとえば、地域活動の集まりで、「自分を立ててくれない」と不機嫌になったりする。周囲はどん引きです。いい人間関係を築くどころか、みんなに敬遠され、鼻つまみ者になったとしても文句はいえません。

考えてみれば、肩書きはそのときどきの自分に、たまたまついた、ちょっとした〝飾りもの〟でしょう。それがものをいうのはせいぜい仕事のうえだけであって、仕事を離れてしまえば、何の役にも立たないのです。

リタイアした瞬間に肩書きの賞味期限は切れます。その後もそんな古ぼけて、色褪せた飾りものをこれ見よがしにするのは、滑稽でしかないと思いませんか。肩書きにしがみつくことは、人間関係を築くうえで百害あって一利なし、といっていいでしょう。

「放下著《ほうげじゃく》」（『五家正宗賛《ごけしょうしゅうさん》』）

これは、捨てて、捨てて、捨て切ってしまいなさい、ということをいった禅語です。

真っ先にその対象にすべきものが肩書きです。自分を語るのであれば、

「長野の山奥の出身でしてね。何もないところですが、景色だけはすばらしい。わたしの唯一の自慢といったところでしょうか」

「お酒に目がありませんでね。量はそう飲みませんが、毎日、晩酌は欠かせません。女房には睨まれますが……」

そんなふうに人間味を感じさせるところを語るのがいい。肩書きを振りかざせば、閉じてしまう相手の心も、こうであれば、垣根はいっぺんで取り払われます。その後、スムーズに人間関係が結ばれるでしょう。

放下着。噛みしめてください。

新しい「立ち位置」を確立する

現役時代は会社のなかに与えられたポジションがあり、そこが自分の「立ち位置」ともなっていたわけですが、リタイアとともにそれもなくなります。新しい立ち位置を見つける。そのことも〝生まれ変わる〟うえでの重要な課題です。

多くのビジネスパーソンは仕事中心の生活を送っていたはずですから、仕事から離れ、家庭にいる時間が増えても、すぐには立ち位置が見つからないのではないでしょうか。立ち位置が見つからないままズルズルと生活していると、前にもお話しした「濡れ落ち葉」という困った存在になってしまいかねません。

時間をもてあまし、奥さんについてまわる。靴にくっついてなかなかはがれない濡れ落ち葉のごとく、奥さんが「ちょっと出かけてくるわ」といえば、「どこへ？　俺も行く」といった案配では、疎んじられるのも致し方なし、でしょう。

それまではあまり干渉しないことで適度な〝距離感〟が保たれて、うまくいっていた夫婦関係に軋みが生じるといったことも少なくないようです。増加傾向が著しいといわれる熟年離婚のいちばんの原因は、このあたりにあるのかもしれません。

立ち位置を見つけるためにも行動が求められます。外に出て行動するということは、社会と繋がることです。こんなケースがあります。

無類の野球好きで、子どもの頃から贔屓《ひいき》にしている地元球団もある人がいました。とはいえ、仕事をしている間はそうたびたび球場に行くことができません。さあ、リタイアで時機到来です。その人は足繁く球場に足を運ぶようになったわけです。

〝同好の士〟は必ずいます。熱狂的なファンの〝指定席〟はライト側スタンドと決まっていますから、毎試合のように出かけていれば顔見知りもできます。自然に言葉を交わすようになり、贔屓球団が勝てば、誘い合って祝杯をあげるようにもなったのです。

パソコンの扱いに慣れていて、インターネットもよく見ていたその人は、新しい〝仲間〟にネットで得た球団情報、選手情報を流すようになった。その結果、仲間内では欠かせない存在になりました。

「○○さんは、われわれの最高の情報源ですよ。LINEが待ち遠しい。レアな情報お願いしますね」

それが仲間内の声です。立ち位置確立。いまはキャンプ地にも連れ立って出かけるといいますから、〝病膏肓《やまいこうこう》に入《い》る〟の感なきにしもあらずですが、その人が楽しい日々を送っていることはいうまでもありません。

英会話スクールや陶芸教室といったカルチャースクール的なものに入るのは少し敷居が高いと考えている人でも、このケースのように軽い気持ちで参加すれば、行動しやすいのではないでしょうか。

ジャズが好きな人なら、ライブハウスに通っているうちに、素敵な仲間ができるということがありそうですし、碁が趣味というのであれば、碁会所が仲間との出会いの場所になる可能性はおおいにあると思います。

仲間はひとつの集団です。集団ができると、おのずと役割分担が決まってきます。マメで世話好きな人は飲み会などに集うときの幹事役、情報を集めるのが好きな人は、先ほどのケースのような情報発信役……といった具合です。

集団のなかでの役割はそのまま自分の立ち位置です。そして、その役割をしっかり果たすことで、仲間から信頼されることにもなります。もちろん、信頼に応えようとする意欲も生まれるでしょう。

怠惰に流れる濡れ落ち葉的生活とはガラリ変わって、いきいきとした自分がそこにいると思いませんか。

同好の士のいいところは、利害関係がないことです。〝好きなものが一緒〟というところで結びついている。会話が弾み、その場が盛りあがるのは必定です。どこかに利害関係を引きずっていた現役時代の人間関係とはまったく異質の関係です。

風通しがよく、また居心地もいい。そんな関係を満喫できるのも、リタイア後ならではの特権といっていいでしょう。

外に出るのは億劫、行動するのは面倒、などといっていては、せっかくの特権も宝の持ち腐れです。存分に使ってこその特権ではありませんか。

「聞き上手」がつきあいの輪を広げる

人間関係をうまく築き、深めていくカギはどこにあるのでしょうか。わたしは相手の話をよく聞くことにある、と思っています。みなさん、いい関係にある相手のことを思ってみてください。

その相手は自分のことばかり話す人、いわゆる自我を前面に出す人ではないはずです。こちらの話にも真摯に耳を傾けてくれる。誰でもそんな人に対して好感をもち、胸襟を開くのです。

「聞き上手」であることは、いい人間関係をつくる土台といってもいいでしょう。

「その点には自信がある。現役時代は営業でならしたから、相手が話しているときの相槌などはお手のもの。〝絶妙〟のレベルだ」

そんな人がいるかもしれませんが、ちょっと待ってください。相槌上手と聞き上手は似て非なるものです。「ほほぉ」「なるほど、なるほど」「そうですか、そうですか」……とタイミングよく繰り出す相槌は、話をスムーズに進めはするでしょう。

しかし、それが上っ面のものであったら、相手はそれを感じるはずです。

「調子がいいばかりで、真剣に聞いてくれてはいない」

ということになる。齢六〇をすぎてさまざまな経験を積んできた人には、上っ面の相槌上手は通用しないのです。禅にこんな言葉があります。

「**同事**《どうじ》」（『正法眼蔵』「菩提薩埵四摂法《ぼだいさったししょうぼう》」巻）

相手の立場に立つという意味です。相手の身になって考え、思い、感じる。つまりは、相手の心に寄り添うことといってもいいでしょう。この同事ということが、聞き上手の必須条件です。

相手の心に寄り添っていれば、何も語らなくても、相槌など打たなくても、相手にそれは伝わります。

「この人は心で聞いてくれている」

と相手は感じるのです。これ以上の土台があるでしょうか。いい関係が築かれ、深まっていくことは疑いなしです。人生一〇〇年時代ですから、六〇歳で始まった人間関係は三〇年、四〇年と続くのです。

それがいい関係であったら、人生はまちがいなく、豊かなものになります。

「会いたい人」を一人もつ

ふだんとくに意識しているというわけではないのに、何かの折にふと思い出し、会いたくなる。みなさんにはそんな相手がいますか。

趣味の仲間や飲み友だち、遊び仲間がいることは、リタイア後の時間を楽しむうえで必要なことですが、できれば一人でも、〝無性に会いたくなる人〟をもつと、人生はより幸せなものになるという気がします。

無性に会いたくなる人といっても、抽象的でイメージできないという人もいるでしょう。こんな短い禅語があります。

「**露**《ろ》」（『禅林句集』）

どこにも包み隠すところがなく、すべてがあらわになっているという意味です。人には、どこかに自分の弱みや欠点は他人に見せたくない、という思いがあるのではないでしょうか。ですから、それを見せないために見栄を張ったり、強がって見せたりするわけです。

友人や仲間に対しても、少なからず、そうしたところがあるはずです。しかし、自分をさらけ出せる相手もいる。弱みも欠点も隠さず、すべてあらわにして、つまり、「露」の自分で、つきあえる人です。

無性に会いたくなる人とは、きっとそんな人だと思うのです。竹馬の友という言葉がありますが、同じ土地で生まれ育った幼馴染みなどは、そうした関係になりやすいかもしれません。

利害損得からまったく離れている時期に、弱みや欠点を隠す〝大人のすべ〟もないまま、たくさんの時間を共有した。幼馴染みはそういう存在でしょう。おたがいに露でかかわっていたわけですから、いつまでもその関係でつきあえるのです。

わたしにとっては、幼馴染みもそうですが、同時期に修行道場に入り、厳しい修行を一緒にくぐり抜けた仲間（**同安居**《どうあんご》といいます）もそんな存在です。文字どおり、僧堂で寝食をともにし、見栄や強がりが顔を覗かせる余裕もないなかで、徹底的に鍛えられ、支え合ってきたという感じですから、「露」そのものの関係です。

何年会わずにいても、会えば一瞬にして時間の空白が埋まり、本音をぶつけ合うことができますし、「何かあったらできることは何でもしてやろう」という、相手に対する気持ちは微塵も揺らぐことはありません。

人生は山あり谷ありです。リタイア後も、それ以降の老後生活に入ってからも、何があるかわかりません。苦境に立つときやつらさに押し潰されそうになることだってあるかもしれないのです。

明治大正期の俳人・尾崎放哉《おざきほうさい》に次の句があります。

「**咳《せき》をしても一人**」（荻原井泉水《おぎわらせいせんすい》編『大空《たいくう》』）

咳をしても、声をかけてくれる人も気遣ってくれる人もいない。孤独の寂寥感がしみじみと伝わってくる句です。放哉自身は東京帝国大学法学部を出て一流会社に就職しながら、突然、その生活を捨てて小豆島にわたり、極貧の暮らしに身を置いた人ですから、どこかその寂しさをとくと味わい、楽しんでさえいるとも想像できますが、やはり、独りは寂しいものです。

苦しいとき、つらいときはひとしおでしょう。そんなときこそ、「露」でつきあえる人の存在感が増します。会えば心が癒やされますし、たとえ、会うことが叶わなくても、「会いたいなぁ」とふっと思い出すだけで心があたたかくなる。渇いた心が潤ってくるといってもいいでしょう。

その存在は人生の宝といっても過言ではありません。心に思い当たる人がいなかったら、いまからでも遅くありません。仲がよかった幼馴染みとでも連絡をとって、旧交をあたためてみてはいかがでしょう。

「彼（彼女）とだったら、露のつきあいができそう」

そう思えるかもしれません。心と心の交流は時間的なブランクなどものともしない、とわたしは思っています。〝生まれ変わった〟のですから、一から始めたらいいのです。どうぞ、みなさん、「宝」探しに挑戦してください。

「自利」から「自利利他」に切り替える

仕事をするうえでいちばん優先させることは何でしょう。人それぞれでちがうにしても、最優先ということになると、「自利」、すなわち、自分の利益ということになるのだと思います。

やりがいとか、充実感とか、面白みといったことも大切な要素ですが、自分の利益を度外視して仕事をするというのは、やはり、綺麗事に聞こえます。現代は資本主義が徹底された時代。リターンを考えない仕事は成立しません。

その意味では、仕事は投資にも似ています。自分の労働力を投資してリターンを得る。それが仕事の基本的な構造でしょう。ビジネスパーソンは長くそのなかに身を置くわけですから、自利が行動原理になっても不思議はないのです。

リタイア後に切り替えていただきたいのがその行動原理です。自利から「自利利他」への転換。自利利他について伝教大師《でんぎょうだいし》最澄《さいちょう》はこういっています。

「自利とは利他をいう」

他人のためになることをすれば、それがめぐりめぐって自分のためにもなる、という意味にもとれますが、最澄さんの解釈はそうではなく、他人のためになることをすることが、そのまま自分のためになる、つまり、自分の喜びや幸せである、ということなのです。

その経験は誰にでもあるのではないでしょうか。たとえば、お年寄りの荷物をもって差し上げる。利他のおこないです。その結果、相手から笑顔で「ありがとう」と感謝されたら、自分も幸せな気分になりませんか。ちゃんと自利利他が成り立っています。

仏教ではお布施のことを「喜捨《きしゃ》」といいます。喜んで金品を捨てるという意味です。お布施は何か見返りを期待してするものではないのです。お布施をすること自体が自分の喜びであり、幸せでもある。ここにも自利利他があります。

現役時代の行動原理が〝投資〟であるとすれば、リタイア後はこの〝お布施〟感覚を行動原理にしたらいかがでしょう。

自分の行動やふるまいが相手を笑顔にしたり、相手から感謝されたりする。そのことに喜びを見出していく生き方といってもいいでしょう。そうすることによって、人間関係があたたかく、清々しいものになることは、疑いを入れません。

人間関係の在り様は暮らしの「快（心地よさ）」「不快（心地悪さ）」を大きく左右します。どうぞ、心地よい暮らしをしてください。

いまからがほんとうの〝異業種交流〟の始まり

異業種交流という言葉がいつ登場したのか、詳らかにしませんが、まったく業種の違う人たちが交流し、コミュニケーションをとるということの意義は、認められてしかるべきでしょう。

そうはいっても、日本のビジネスパーソンは総じて忙しいですから、なかなかその場に臨めないのが実情ではないでしょうか。どうしても、同業種の人たちとの交流が多くなるのだと思います。

リタイア後はちがいます。どのような状況であれ、出会う人の背景はわかりませんし、同業種ということは、むしろレアケースでしょう。つまり、趣味の会でも、ボランティアの集まりでも、地域の会合でも、そこは異業種交流の場になります。

業種が違えば、仕事を通じて経験することも、つきあう人たちも、ちがってくるはずです。金融業界で仕事をしてきた人と出版界で仕事をしてきた人とでは、まるで別の世界を生きてきているわけです。

ですから、両者が交流することで、おたがいに知らない世界を知ることができるのです。それは自分の見聞を広めることにほかなりません。

「金融業界って、そんな不文律があるんですか。ぜんぜん知りませんでした。いやぁ、面白いですね」

「あのベストセラー作家の素顔がそんなふうだなんて意外です。人は見かけによらないということが実際にあるんですね。興味深いなぁ」

そうした会話が楽しくないわけがありません。新鮮な刺激があるでしょうし、好奇心も掻き立てられそうです。刺激も好奇心も若さを保つための妙薬です。そして、何より、見聞を広めることは自分の器を広げることに繋がります。

人はいくつになっても成長することができます。いや、成長するような生き方をすることが大切なのです。さまざまな未知の世界に触れることができる異業種交流が、成長を促してくれることは、あらためていうまでもないでしょう。

容易に異業種交流の機会を得られるのがリタイア後です。無聊《ぶりょう》をかこっている場合ではありません。どんどん〝場数〟を踏みましょう。

新たな人間関係は「挨拶」から始まる

どんなコミュニケーションも「挨拶」から始まります。きちんと挨拶できるということは、ビジネスパーソンの常識中の常識といってもいいでしょう。ところが、会社のなかである程度のポジションにつくと、自分から挨拶することが少なくなってきます。

上司と部下の関係であれば、部下から挨拶するのがふつうですし、上司もそれを当然のこととして受けとめます。人のふるまいは習慣に影響されますから、挨拶についても「まず、相手からされるもの」という姿勢が身につくのです。

リタイアしてからも、すぐには習慣が抜けません。とくに含むところはないわけですが、ついつい、相手の挨拶を〝待つ〟ことになってしまう。これは人間関係にとって明らかにデメリットになります。

「あの人は態度が尊大じゃない？」

「どれほど偉かったか知らないが、ずいぶんお高くとまっている」

そんな風評が立ちかねないのです。自分ではそんなつもりはなくても、煙たがられる存在となり、周囲に人が寄りつかなくなることだって考えられなくはありません。誰に対しても挨拶は自分からする。これもリタイア後に心がけていただきたいことです。

ちなみに、挨拶はもともと禅語だということをご存知ですか。禅では「一挨一拶《いちあいいっさつ》」といいますが、「挨」は押す、突き進む、「拶」は迫る、切り込む、という意味。禅問答において一方が、言葉をかけることによって押し、他方がそれを受けて切り込む。そうすることで、おたがいに相手の力量をはかり合うことを挨拶といったのです。

いまは出会ったときや別れるときに交わす言葉を挨拶といっていますが、相手の心にはたらきかけるという点では、従来の意味とも繋がっているという気がします。

挨拶のポイントは大きな声で、明るく、はっきりということです。わかりきったことのような気がするかもしれませんが、これが意外にできていないことが多いのです。首をコクンと傾けるだけだったり、モゴモゴとこもってしまったり……。

それでは伝わらない、相手の心に届きません。いまあげた〝大きい〟〝明るい〟〝はっきり〟という三要素がそろってこそ、相手が気持ちよく受けとってくれるのです。気持ちよく受けとってくれたら、相手からも同じ挨拶が返ってきます。それでコミュニケーションの下地がととのいます。

挨拶の〝極意〟を教えてくれるのが次の禅語です。

「和顔愛語《わげんあいご》」（『大無量寿経《だいむりょうじゅきょう》』）

和顔は和やかな表情、愛語は慈しみをもった言葉です。和顔をもって、愛語を語りなさい、という意味ですが、笑顔をたたえた和やかな表情をして、「おはようございます」「こんにちは」「こんばんは」ということで、その挨拶の言葉は愛語になり、この禅語の実践となるのです。

仏教には「無財《むざい》の七施《しちせ》」というものがあります。通常、布施は「財施《ざいせ》」「法施《ほうせ》」「無畏施《むいせ》」の三つとされ、順番に金品を施すこと、仏様の教えを説くこと、怖れや不安を取り除いて安心させること、をいいます。

しかし、財力がなければ財施はできませんし、仏様の教えに精通していなければ法施はできません。また、人格に秀で、器量がなければ無畏施は叶いません。しかし、それらを備えている人はそう多くはないでしょう。

そこで、お釈迦様は誰にでもできる布施として無財の七施を説かれました。財なし、（仏様の）智慧なし、器量なし、であってもできる七つの布施です。

そのなかに「和顔施」と「言辞施《ごんじせ》（愛語施）」のふたつがあるのです。穏やかな表情で相手と接するのが前者、相手を思いやり、慈しみの言葉をかけるのが後者です。つまり、挨拶によって和顔愛語を実践することは、無財の七施のうちのふたつを同時におこなうことなのです。

愛語についていては、道元禅師がこうおっしゃっています。

「**愛語よく廻天の力あることを学すべきなり**」（『正法眼蔵』「菩提薩埵四摂法」巻）

愛語には天地をひっくり返すほどの力があることを学びなさい、ということです。それほどのパワーを秘めている愛語ですから、それをかけた相手の心の琴線に触れることなどたやすいのです。

挨拶を愛語にしてください。人づきあいが得意ではないという人もいると思いますが、それだけで新たな人間関係にも不安なし。いいつきあいの輪が広がります。

たわいない会話が教えてくれること

人間関係を深め、豊かなものにしていくためには、おたがいに相手をよく理解することが不可欠です。腹を割って本音でじっくり話をすることができれば、それがいちばんいいにはちがいありませんが、リタイア後に知り合って間もないもの同士では無理があります。それなりの時間が必要です。

しかし、相手を理解する手がかりは、ちょっとした会話のなかにもあります。それも〝かまえた〟会話より、むしろ〝たわいない〟会話に手がかりがちりばめられているのです。たとえば、現政権についての見解を語り合うといった場面では、おたがいにかまえることになりますから、「素」があらわれにくいのです。

素が随処であらわれるのはリラックスしたたわいない会話です。たとえば、天気の話にだってその人を知る手がかりはあります。

「今日は朝から暑いですね。いやぁ、まいった、まいった」

たわいない会話の典型ですが、そこから〝暑いのが苦手〟〝夏は嫌い〟……といった、

その人の素の一面が理解できます。その後にそれとなく、

「日本の秋は最高ですね。風の涼しさが何とも心地よくて……」

そんな話題をふれば、相手がのってくるのはまちがいありません。

「あなたもですか。じつはわたしも秋がいちばん好きなんです。風ももちろんですが、紅葉の美しさったらありませんよね。なんか、気が合いますね」

ということにもなろうというもの。理解度がグッと増します。何かの折にこんな話題が出たりしたら、それも素を知るチャンスです。

「昨日カメラをぶら下げて、ぶらっと鎌倉を歩いてきました」

この会話からは〝散策好き〟〝写真が趣味〟ということが読み取れます。自分の趣味を話題にされていやな気分がする人はいません。どこかのタイミングで、

「一度作品を拝見したいですね」

とでもきり出せば、相手は喜色満面。

「素人写真ですから、たいしたものではありませんが、数だけはたくさんあります。今度、うちにいらっしゃいませんか？」

ということにでもなれば、おたがいの距離は一気に縮まります。たわいない会話に耳を澄ませる。人間関係を深めるコツです。

同窓会に潜む意外な落とし穴

　仕事から離れると時間ができるからでしょう、同窓会や学生時代の仲間が集まる機会がけっこうあるようです。長年会わなかった間にすっかり〝様変わり〟した旧友との語らいは懐かしくもあり、その時代に戻った感覚になります。

　かつてのガキ大将が穏やかな風貌のいいおじさんになっていたり、おとなしくて目立たなかった同級生が会社経営者としてバリバリ活躍していたり……。昔を思い出しながら、おたがいに近況を報告し合う時間は楽しいものとなるはずですが、そこにはちょっとした落とし穴もありそうです。

　それぞれが、学生時代にはなかった社会的な立場を背負っているからです。六〇歳をとっくにすぎてなお一流企業の役員として確たるステイタスを築いている人もいれば、リストラの憂き目に遭って就活をしているものの、思うにまかせないという人もいる……。これは極端な対比ですが、立場の違いは、ともすると複雑な感情の機微に触れかねません。

「あいつは次期社長候補か。それに比べて自分は年金でギリギリの生活。なんだか惨めだな。こなきゃよかった……」

といったことになったりするわけです。もちろん、学生時代の仲間ですから、社会的な立場など関係ないのですが、そうはいっても簡単には割り切れないのが、人間の性でもあるのでしょう。

惨めになったり、人を羨んだりする原因は、自分がやるべきことをやっていない、やるべきことをもっていない、というところにあるのではないでしょうか。日々をダラダラとただ流されて送っていたら、第一線で仕事をしている仲間がまばゆい存在に映ることにもなるでしょう。

しかし、やるべきことがあり、それをめいっぱい楽しんでやっていたら、視点はまったく変わったものになります。

「俺料理にハマっちゃって、腕もメキメキ上がってる。女房にも感謝されるし、年金暮らしもいいもんだぞ。おまえまだ仕事してるのか、お気の毒さまってところだな」

といった軽口もたたける。日々が楽しく、充実していれば、人のことなど気にならないのです。何でもいいのです。暮らしのなかでめいっぱい楽しめることを見つけ、それに打ち込みましょう。

バランスのとれたつきあいをする

リタイア後の楽しみは多方面にあるのが望ましいと思います。たとえば、一緒に行動するのが〝飲み仲間〟だけだったらどうでしょう。会えば必ず、一献傾ける。それはそれでいいのですが、集まって飲むことしか楽しみがないというのでは、少し、寂しいと思いませんか。

だいいち、飲んでばかりいたのでは健康面での心配も出てきます。身心ともに健康でいるためには、身体を動かすことも必要ですし、頭を使うことも必要でしょう。また、心が癒やされることもしたほうがいい。

ですから、それらのテーマをクリアできるようなバランスのとれたつきあいを心がけていただきたいのです。一方にはゴルフ仲間がいるし、将棋をさす仲間がいる。食事やお酒を楽しむ仲間がいて、コンサートに出かける仲間がいる……といった具合です。

もちろん、ゴルフもするし、飲食もするというふうに、メンバーが重なってもいいのですが、とにかく行動がひとつに偏らない仲間づくりをする工夫が大切です。

やることがたくさんあると、プランを立てるのも楽しくなります。

「今月はけっこう身体を動かすことが多かったから、来月は少し脳みそを使わないといけないな。よし、将棋仲間に連絡してみよう」

という案配。また、仲間の都合がつかなかったら、プランチェンジをして別のことをするという、切り替えもできます。

集まったときの話題もバラエティに富むはずですから、情報も幅広く入ることになります。その結果、ゴルフにも通じ、将棋にも通じ、コンサート情報やグルメ情報にも詳しくなる。常に新しい情報に接していることは〝脳活〟にもなりそうです。

花びらは五弁なら五弁、六弁なら六弁が、バランスよく並んでいるから美しいのです。人も同じでしょう。文武両道ではありませんが、身体にも、頭にも、心にも、バランスよく刺激を与えることで、どれもがととのい、人格も磨かれて、生き方も美しくなるのだと思います。

一人の時間を大切にする

前項ではさまざまなフィールドで一緒に行動する仲間をつくることの大切さについてお話ししました。そのことと矛盾するようですが、一人の時間をもつことも、また、大事なことだと思います。

生きているなかで自分を見つめ直すことは必要です。六〇歳をすぎてもそのことは変わりません。折々に一人静かな時間をもって、自分の内を見つめましょう。できれば、坐禅をして心が穏やかになったところで、それまでの来し方、これからの行く末を思ってみるのがいいのですが、坐禅の心得がなければ、しばらく心地よいことをして、それから見つめるのがいいでしょう。

心地よいことをするのは、心を穏やかにするためです。音楽が好きな人はお気に入りの曲をしばらく聴いてもいいでしょうし、絵画が好きなら画集を繙《ひもと》くのもいいでしょう。心を癒やしてくれる詩集を読むのも、またいい。

心がシーンと静まって穏やかになったら、さまざまに思いをめぐらす。来し方、行く末はもちろん、日々の生活で反省すべき点がないか、自分のペースで毎日を送れているか、など日常的なことを思ってみるのもいいでしょう。

その一人の時間には「孤独」を体感するという意味合いもあります。お釈迦様にこんな言葉があります。

「**犀《さい》の角のようにただ独り歩め**」（『スッタニパータ』）

本来、人は孤独なのです。人の繋がりは大切ですが、それも、孤独であることを怖れず、孤独であることを引き受ける覚悟をもったうえで、はじめていえることです。孤独の体感がその覚悟に繋がることはいうまでもないでしょう。

ときには一人旅に出かけてみるのもいいのではないでしょうか。何人かで連れ立っていく旅とはまったく趣が違います。その間はまさしく〝独りの歩み〟です。孤独とじっくり向き合う時間といってもいい。

そんな体験をすると、孤独の奥深い味わいといったものがわかってくるかもしれません。六〇歳をすぎると、配偶者を先に送るというケースも出てきます。そのことで気力がすっかり萎えてしまうことも珍しくないようです。

孤独に対する備えは必要です。

話し癖をチェックしてみる

誰にでも話し方の癖があるものです。ただし、この話し癖には周囲のほうが敏感で、当人は意外に気づかなかったりします。もちろん、相手を不快にしたり、苛立たせたりするものでなければ、話し方の〝個性〟の範囲内ですから、それで問題が起こることもないでしょう。

注意しなければいけないのは、不快感を与えてしまう話し癖です。

「あの人の話し方はカンに障るね。いつだって腹立たしくなる」

そんな話し癖がある人は、しだいに周囲から敬遠されるようになり、関係が疎遠になったりします。しかし、自覚がありませんから、なぜ、そうなってしまったのかわからないことが多いのです。

「なんだか、このところ避けられているような気がする。思い当たるフシはまったくないのだが……」

では、要注意の話し癖について見ていくことにしましょう。

まず、あげられるのが話の腰を折るというものです。相手が話している途中に言葉を差し挟み、自分のほうに話しを引き取ってしまう。いいたいことをいい終えていないのですから、相手には不完全燃焼感が残ります。

おそらく、何かを思いついたらすぐに言葉に出さずにはいられないタイプで、それが癖になっているのだと思いますが、相手にしてみれば、

「まだ、こちらの話が終わっていないじゃないか！　いいたいことはこれからなのに……」

と気分を悪くして当然です。会話は言葉のキャッチボールだといわれますが、これではいいボールのやりとりとはいえません。相手の話を最後まで聞くのが、わきまえた大人としての最低限のルールです。

何かについての見解やものごとの見方、考え方は、人それぞれでちがいます。ですから、自分とはまったくちがう意見をいう相手も当然いるわけです。もちろん、相手と真っ向から対立するとしても、自分の意見ははっきりと主張すべきです。

ただし、いい方には配慮が必要でしょう。これができない人がいる。ストレートに相手の意見を否定するところから始めてしまうのです。

「ちがいます、ちがいます。それではぜんぜん意味がちがってきてしまいますよ。これは

たとえ、客観的に判断してこちらが正しいとしても、こんないい方では相手の神経を逆なでするだけです。相手も気色ばんでその場の空気はピリピリしたものになるでしょうし、相手との関係もギクシャクしたものになるのは必至です。

あまりにストレートな話し癖は、けっして人間関係を良好なものにしないといっていいでしょう。

〝反論〟する際のいい方はこうです。

「そうですね。そういう受けとり方にも一理あると思います。ただ、わたしは少しちがった理解をしていて、それは（自分の意見の開陳）……」

相手の意見はいったん認めたうえで自分の意見を主張する。これで印象はガラッと変わったものになります。自分が受け容れられると、人は余裕が生まれ、反論を受けとめる態勢ができるのです。

この頃気になるのが「ていうか」という言葉です。誰かの話を受けて、「ていうか」と始めるのですが、これが癖になっている人が少なくありません。これも感じのよいものとはいえません。

それまでの話を一言で、「そうじゃないよ」と否定するのが、この「ていうか」ですから、相手は心穏やかではいられないでしょうし、言葉の響きもとうてい品格があるとは思えません。禁句にしたい言葉のひとつです。

話し癖ということではありませんが、相手によって話し方を変えると、よりコミュニケーションがスムーズになります。

「**対機説法**《たいきせっぽう》」

これはお釈迦様の説法のしかたをいったもので、相手の性格や能力などを見きわめ、その相手にふさわしい言葉を選び、いい方を考えて、法を説くということです。通常の会話にもこのお釈迦様流を取り入れたらいかがでしょう。

たとえば、自分よりずっと高齢の人との会話では、相手が耳が遠いということもありますから、ふだんよりゆっくりと大きな声で話す。相手が緊張しているのが見てとれたら、少しくだけた口調で、冗談を交えて話す……。

そんな気配りを相手も感じますから、好感度はアップ、関係はさらに深化、ということになります。

わからないことは聞き直す

　話をしている途中で、「あれっ、これはどういうことかな？」と思ったとき、みなさんはどうしていますか。「まあいいか」とスルーしてしまうという人が、案外多いのではないでしょうか。

　周囲にいるほかの人は理解している様子だし、聞き直して話を途切れさせてしまうのも申し訳ないという気持ちがそうさせるのかもしれません。しかし、わかったふりは後々、まずい結果をもたらしかねないのです。

　わたしは海外でも「禅の庭」を手がけていますから、打ち合わせなどを英語でする場合があります。そこそこを越えないレベルの〝英語力〟では、理解できないこともあるわけです。そんなとき、曖昧に頷いてしまったりすることがままあるのです。

　その結果、「(先ほどの内容で) ＯＫ？」と先方から聞かれて、「えっ、ＯＫって何が？」ということにもなる。曖昧にしてしまったツケがまわってくるのです。

　わからないことはその都度聞き直す。それもコミュニケーションで大事なことだと思います。相手がいったことをとりちがえていたり、充分に理解していなかったり、ということはあるのです。

たとえば、地域の行事の役割分担を決める集まりなどで、振り分けられた自分の役割の範囲について、少し曖昧なところがあるのに確認しなかったとします。それがこんなことにも繫がりかねないのです。

「○○さんにはここまでお願いしましたよね」

「えっ、そこは別の方がしてくださるのでは？」

「この間の集まりでそう決めたじゃないですか」

行事当日になって、段取りに支障が起こる。みんなに迷惑をかけてしまうわけです。確認していたら、聞き直していたら、起こらなかったトラブルです。ヘタをすれば「○○さんは無責任」などというありがたくないレッテルを貼られてしまうかもしれません。

リタイア後の行動基盤は地域ですから、そんなレッテルは暮らしづらさにも繫がりそうです。

「聞くは一時の恥、聞かぬは一生の恥」

わからないこと、曖昧なことは聞き直す習慣をつけましょう。

家族のペースを崩さない

リタイア後に大きく変化するのが家庭内環境です。配偶者が専業主婦であるか、仕事をもっているかで異なりますが、いずれにしても、リタイアしたビジネスパーソンはそれまで会社にいた時間を家庭ですごすことになるわけです。

専業主婦にとっては、いわば〝異邦人〟が突如、家族に加わったようなものかもしれません。ここでいちばん困るのは、闖入者《ちんにゅうしゃ》である異邦人が配偶者を自分のペースに巻き込もうとすることでしょう。

配偶者にはそれまでの間につくり上げてきた自分の世界がありますし、交友関係もあるでしょう。一日をどうすごすかという生活のペースも独自のものがあるはずです。朝起きる時間、朝食をつくる時間、夫を送り出し、家事にとりかかる時間……それらはほぼ決まっています。

そこにリタイアした夫がわが物顔で割り込んできたら、配偶者としてはたまったものではありません。朝寝をした夫が、

「あ〜あ、よく寝た。もうこんな時間か。じゃあ、朝メシ頼む」

こんなリクエストをしたら、すでに掃除を始めている配偶者はどう感じるでしょうか。

「朝食は決まった時間にすませてよ。こちらだってペースがあるんだから、そんなに勝手なことばかりいわないでちょうだい」

口には出さなくてもそう思って当然です。一事が万事でしょう。息抜きに友人とランチをしに出かけようとしたとき、

「どこへ行くんだ。俺の昼メシは？　なんだよ、夜まで我慢しろっていうのか」

などといったら、確実にひと悶着《もんちゃく》起こることになります。まあ、これはかなり極端な例かもしれませんが、それまでのペースを乱されたら、配偶者には間違いなくフラストレーションがたまります。

できるだけ配偶者の生活ペースを崩さない。これはリタイア後の鉄則です。環境を変えたのはリタイアした自分なのですから、変化をもち込んだ張本人として、配偶者のペースを尊重してしかるべきです。

配偶者の交友関係、趣味の世界……などもしかりです。

そのうえで、両者が歩み寄りながら、新しい環境に適合するように努力していく。自分はやるべきことを見つける、新たな交友関係をつくる。ときには夫婦そろって外出して、

ショッピングや食事をする。そうすることで新しい環境にふさわしい夫婦関係ができあがっていくのだと思います。

配偶者が仕事をもっている場合はサポート役を買って出るのもいいのではないでしょうか。時間があるのですから、それまで配偶者がしていた日用品や食材の買い物を引き受ける。ゴミ出しや浴室の掃除を担当する。マンションの自治会の会合に出る……。

もっと踏み込んで、夕食の支度をして配偶者を迎えたら、このうえないサポートになるのではありませんか。料理は手がけてみると奥が深く、興味は尽きないともいわれます。それが自分の楽しめる趣味になったら、まさに一石二鳥です。

リタイアする頃には、子どもも独立して別に家庭をもっているというケースが多いかもしれません。当然、そちらにもペースがあるわけですから、それに対する配慮も忘れてはいけません。

「今週末、息子家族と一緒に食事をしよう。土曜日の午後にそろってうちにくるように連絡してくれ。万障繰り合わせてくるようにいうんだぞ」

家族が二世代そろって食事をするのは大賛成ですが、これは明らかに〝父権乱用〟です。あくまで息子家族の都合を優先して、予定を組むのが父親の度量というものです。

孫がいれば顔を見たいのがおじいちゃん、おばあちゃんの偽らざる思いでしょう。しかし、時間があるからといって、やたらに息子や娘の家庭を訪ねたら、これもペースへの介入になります。

息子の家庭には〝もとは他人〟の配偶者（嫁）がいるのです。頻繁に訪ねてくる舅は招かれざる客でしかありません。ほどをわきまえてこそ、素敵なおじいちゃんでいられるということは、肝に銘じておいてください。

「六十にして耳順《みみしたが》う。七十にして心の欲するところに従えども、矩《のり》を踰《こ》えず」

よく知られる『論語』の文言です。その意味は、六〇歳になったら、なんでも素直に受け容れられるようになった。七〇歳では、自分が思うようにふるまっても、人の道理を踏み外すことがなくなった、ということです。

なんでも素直に受け容れるということは、自分の我を通さない（自分の思いで周囲のペースを乱さない）ということでもあるでしょう。六〇歳はかくありたいもの。手本としたい生き方です。

第3章

毎日を充実させる「朝のすごし方」

どんな一日になるかは朝で決まる

その日がどんな一日になるかは「朝」で決まる。常々、わたしが申し上げていることですし、絶対に揺るぐことがない持論でもあります。

一日の始まりである朝をどうすごすか。それによってその日は心地よいものになったり、心が騒がしいものになったりするのです。あわただしく朝の時間をすごすと、気持ちが急いてしまいますから、その日の予定をスムーズにこなすことができません。

たとえば、人と会う予定があっても、約束の時間に遅れたり、携帯電話などを忘れたり、といったことが起こりやすくなります。「遅れてしまった」「忘れてしまった」というマイナスの思いは、いっそう焦りに拍車をかけ、心を騒がせることにもなります。一日が終わったとき、

「なんだかせわしない一日だったな。ああ、疲れた」

ということにもなるわけです。ただ、時間に追われただけの一日。そういっていいかもしれません。

一方、余裕をもって朝をすごせば、すべてがうまくこなせます。午後、お客様を迎えるような日であれば、そのための準備も怠りなくできます。掃除をして部屋を綺麗にととのえ、花を飾ったり、アロマを炊いたり……。行き届いたおもてなしができるのです。

「お客様があんなに喜んでくださって、ほんとうによかった。今日はなんといい一日だったのだろう」

そんな満ち足りた気持ちで一日を締めくくれます。

余裕をもって朝をすごすポイントはたったひとつ。「早起き」をすることです。早起きをすれば、朝食をとるまでの間にラジオ体操をする、近くを散歩する、など身体を動かすことができます。

身体を動かすことで頭も心もすっきり目覚め、一日を始める態勢がととのいます。さらに朝食までの間に時間があれば、新聞にゆっくり目を通し、社会の動静をチェックしたり、必要な情報を得たりすることもできるわけです。

朝はアスリートでいえば、ウォーミングアップの時間にあたります。どんなに能力の高いアスリートでも、ウォーミングアップを疎かにしたら、いいパフォーマンスはできません。入念にウォーミングアップをしてはじめて、もっている能力を十二分に発揮できるわけです。

いいウォーミングアップをしていい一日に繋げるための必須条件が早起きだといっていいでしょう。

みなさんは「縁起」という言葉を知っていると思います。日常的にも縁起がいい、縁起が悪い、といった使い方をします。禅でいう縁起がいいとは、最初にいい縁を結ぶこと、縁起が悪いとは悪い縁を結ぶことです。

早起きをして朝を充実させるのは、いい縁を結ぶことなのです。すると、そのいい縁が連鎖していきます。午後の予定が想像以上にテキパキ片づく、気分よく趣味に打ち込める、人に会っても楽しい、といった案配。

逆に朝グズグズしていて悪い縁を結んでしまうと、こちらも連鎖するのです。朝食が遅くなって昼食がとれない、その分夕食を食べすぎてしまう、予定していたことを翌日にも ち越すことになる……。

このように、朝のすごし方しだいで〝その一日〟がまるでちがったものになるのです。こんな言葉があるのをご存知ですか。

「**一日一生**」

その一日で一生が終わると思って、精いっぱい生きなさい、ということです。明日があると考えるから、

「今日くらいは朝寝をしていてもいいだろう」

と夕カを括り、のんべんだらりと朝をすごしてしまうのです。そして、怠惰な一日を送ってしまうことにもなる。しかし、もしそれが人生最後の一日だったら、けっしてそんなことはしないはずです。

人生は一日、一日の積み重ねですし、すぎてしまった一日は取り戻すことも、やり直すこともできません。怠惰な一日はそういう日として人生に積み重ねられます。ですから、どんな日も「一日一生」の気持ちで生きることが大切なのです。

早起きしないでそんな日が実現できるでしょうか。リタイア後の最初の目標に早起きを掲げてはいかがでしょうか。会社に行くという制約がないだけに、いつまでも布団に入っていることになりがちだからです。

つらくても早起きを一週間、二週間と続けましょう。すると、それが習慣になります。そうなれば今度は早起きをしないではいられなくなります。

目覚めたことに感謝する

朝、目覚めて「さあ、今日も一日が始まるな」と気持ちを引き締める。それはすばらしいことですが、じつはその前にしていただきたいことがあるのです。目覚めたことに対する「感謝」です。

「えっ、感謝？　朝になったら目が覚めるのは当たり前のことじゃないか」

そんなふうに思う人がほとんどだと思います。しかし、そうでしょうか。この世に生を受けたものに、例外なく、等しく、訪れるものは何でしょう。それは死です。人は生まれたら一〇〇％死ぬのです。

古来、為政者たちがいちばん求めたのは不老長寿でした。それを可能にする薬草探しにも熱心でしたが、いまさらいうまでもなく、永遠の生を手に入れた人はたったの一人もいません。どれほど権力があろうと、どんなにお金をもっていようと、死から逃れることはできないのです。

そして、その死がいつ訪れるかは誰にもわかりません。前日まで健康であった人が翌日、突然死んでしまうということも事実あるわけですし、安らかに眠りについたからといって、翌朝確実に目覚めるという保証はどこにもないのです。

さあ、もう一度考えてみてください。目覚めることは当たり前でしょうか。目には見えない力のお蔭で命を繋いでいただいた。それが目覚めるということのほんとうの意味です。ありがたいと思いませんか。

そもそも、命をいただく、つまり、生まれること自体が奇跡のようなことなのです。誰にでも両親がいます。その両親にもそれぞれ両親がいる。そのようにして一〇代さかのぼると一〇二四人、二〇代さかのぼれば一〇〇万人を超えるご先祖様がいるのです。

そのうちの一人でも欠けていたら、みなさんは生まれていない、命をいただくことはできなかったのです。ご先祖様が欠けることなく、永永と命を繋いできてくださったから、みなさんは命をいただくことができたのですし、その後も命を繋いでいただいているからこそ、いま、そこに、みなさんがいる。すなわち、朝、目覚めることができたのです。

しかも、齢六〇をすぎてなお、健やかな朝を迎えられている。そのことを思ったら、感謝せずにはいられないのではないでしょうか。

現役時代の朝はあわただしかったでしょうし、目覚めたことに感謝をするということなど、考えもしなかったかもしれません。しかし、そのありがたさに〝気づいた〟いま、ぜひ、感謝をすることから朝を始めてください。

「今日もまた、命を繋いでいただきました。ありがとうございます。この命を大切にして、今日も精いっぱい生きます」

そんな言葉を口にすると、心に清々しさがあふれます。朝一番の〝儀式〟としてこれ以上ふさわしいものはありません。

「**苟《まこと》に日に新たに、日々に新たにして、また日々新たなり**」

中国古典の『大学』にある言葉です。その意味は、どの日もどの日も、毎日が新しいということです。その新しい日に新しい命を輝かせる。草花などはなんのはからいもなくそうしています。

目には明らかでなくても、茎は前日よりかすかに伸び、葉はその朝の露を結びます。新しい命を輝かせているのです。自然はみなそうでしょう。

しかし、人の心はともすると、新たになれない。前日の不安や悩みを引きずったり、過去の経験にこだわったりしているのです。せっかく新しい日を迎えながら、心は古いままでいるのです。それでは命は輝きません。

新しい心になるための、最良の処方箋が朝の感謝である、とわたしは思っています。感謝をすることで清々しくなった心は新しく生まれ変わっています。すると、命が輝き始めるのです。

前に「愛語」の話をしました。愛語には天地をひっくり返すほどの力がある。覚えていらっしゃいますか。心を込めた「ありがとうございます」は、いちばんシンプルで、しかもパワフルな愛語だとわたしは思っています。

この愛語が不安も、悩みも、こだわりも、瞬時に一掃してくれます。心が新たになるのです。その心なら何歳であろうと、みずみずしい日々を生きられます。

朝、手を合わせる習慣をもつ

　みなさんは一日のうちに手を合わせる、すなわち「合掌」することがありますか。一度もないという人が多いかもしれません。かつての日本にはどこの家庭にも仏壇がありました。朝には仏壇に火を灯し、お茶やお花を供え、手を合わせる。それが日本の伝統的な風習であり、家族全員の日課でもあったのです。

　しかし、仏壇がある家庭は減る一方なのではないでしょうか。とりわけ都会で生活している家庭ではそれが目立ちます。仏壇が家庭から姿を消すのにともなって、手を合わせることもなくなった、といっていいでしょう。

　もっとも、六〇代以降になると、親を送ったのを機に仏壇を備えるということが少なくないようですから、〝普及率〟は意外に高いのかもしれません。

　ところで、みなさんは合掌の意味をご存知ですか。右の掌は相手の心、左の掌は自分の心です。左右の掌を合わせるということは、相手の心と自分の心を一緒にすること。つまり、相手と一体になることなのです。

仏壇の前でご先祖様とひとつになって念じる。「念」という字を見てください。「今」と「心」からできています。いま、その瞬間の心を乗せ、それをご先祖様に伝える。合掌にはそういう意味があるのです。

朝、思うことはさまざまでしょう。それを包み隠さず、素直にご先祖様に伝えればいいのです。歳を重ねてくるとむやみに思いを口に出せなくなるものです。腹にとどめておくことは、大人のたしなみともいえます。

しかし、吉田兼好《よしだけんこう》の『徒然草《つれづれぐさ》』にあるように、「**ものいわぬは腹ふくるるわざなり**」です。声には出さなくても思いの丈を吐き出すことも必要です。朝の合掌は願ってもないその機会ではないでしょうか。

思いの丈を吐き出して心を空っぽにする。そこに六〇代以降を生きるヒントがあります。人は歳を経れば経るほど、すべてが〝重く〟なりがちです。身体が重い、動きが重い（鈍い）、心が重い……。

心が空っぽで軽くなれば、身体まで軽くなるのです。六〇代以降、身心ともに軽くなって軽やかに生きましょう。

季節の移ろいを感じる

現代人は季節感に疎くなっています。とくに仕事をしている間は、忙しいこともあるでしょうし、冷暖房完備の自宅とオフィスを行き来するだけということもあって、季節をしみじみ感じることがほとんどないのではないでしょうか。

道元禅師にこんな歌があります。

春は花
夏ほととぎす
秋は月
冬雪さえて冷《すず》しかりけり

春夏秋冬、それぞれの美しさを詠嘆したものですが、まさしく日本の四季の美しさは際立っています。それを味わわないでいるのはおおいなる損失、日本人としての名折れだといってもいいと思います。

仕事から離れて自由な時間がもてるようになったら、早速、損失を取り戻しましょう、名折れを返上するときです。季節をくっきりと鮮やかに映し出しているのは、やはり、朝です。近くの公園にでも出かけましょう。もし、そばに禅寺でもあったら、そこもうってつけの場所です。

季節の美しさは移ろいにあります。春は草木が芽吹き、蕾をふくらませ、花開いていく。夏になれば葉の緑が色濃さを増し、蝉の声がしだいに音響を高めていく。秋は風が涼やかさをはらみ、木の葉が色づき、やがて大地に還っていく。冬には空気が透明感を強め、降り積む雪が風景をモノトーンに変える……。

どれもが時の移ろいがもたらすものです。

「**諸行無常**《しょぎょうむじょう》」（『涅槃経《ねはんきょう》』）

これは仏教の根本的な考え方を示す言葉で、この世のあらゆるものは、一瞬たりともとどまることなく、常に移ろっているという意味。それは絶対的な真理です。季節を感じることはその真理に触れることといってもいいでしょう。

「昨日は開いていなかった桜の蕾が今日はみごとに開いている。いよいよ春がやってきたのだなぁ」

「紅葉の葉が綺麗な赤になった。昨日の夜ずいぶん冷え込んだせいか。たった一晩でこんなに色が変わるんだ。すごいなぁ」

そんなふうに感じるとき、それは真理に触れていることにほかなりません。そして、自分もまた、その移ろいのなかで生かされていることが実感される。そのことがとても大事なのです。

新たな感覚かもしれません。現役時代は仕事の途中で公園のなかを歩くことがあっても、おそらく足早に通りすぎていたのではないでしょうか。次の仕事のための〝移動〟だったはずだからです。

それでは、時の移ろいを、季節を感じる心の余裕がなくて当然です。心に余裕がなくては五感は開きません。充分に機能してくれないのです。それを感じとる視覚も聴覚も、嗅覚も触覚も〝お休み〟しているのです。

「只管打坐《しかんたざ》」

これは曹洞宗の坐禅の真髄をいう言葉です。文字どおり、ただ、ひたすら、すわるということです。このただ、ひたすら、ということが重要です。公園でも禅寺でも、その自然のなかに〝ただ、身を置く〟〝ひたすら、佇む〟。そうすると、五感が全開となって、季節の移ろいを感じることができるのです。

時間の余裕、そして、心の余裕がなければそうはできません。

その〝ふたつの余裕〟を併せもっているのがリタイア後でしょう。条件はそろっています。それを活かさない手はありません。

禅僧の理想は、大自然のなかでそれとひとつになって生きる、生かされている自分を感じて生きる、ということだといってもいいと思います。それは感動であり、喜びでもあります。

そろそろ、禅的生き方をしてみませんか。

一杯のお茶を丁寧に淹れる

現役時代にはできなかったことをやる。それもリタイア後のテーマであり、楽しみだと思います。朝のすごし方でいえば、一杯のお茶を丁寧に淹《い》れ、ゆっくりと味わう。現役時代にそんな朝はあったでしょうか。

おそらく、急須でお茶を淹れていた人は少数派のはず。ティーバッグを使ったり、ペットボトルのお茶を電子レンジであたためたりしていたという人が、けっこう多いのではないかと想像します。

それではただ喉を潤すというレベル。これからはそこから転じて、お茶の味や香りを楽しむという世界を体験しましょう。

お湯にしても、やかんで沸かしたものと電子レンジでチンしたものとでは、まったくちがいます。同じお茶の葉を使っても、前者で淹れたものはやわらかな舌ざわり、後者はピリピリと刺すような舌ざわりになります。

お茶を淹れるのにいちばん適しているのは、鉄瓶を使い、薪で沸かしたお湯です。それに続くのが炭で沸かしたお湯。もっとも、現代の生活では薪や炭を使うことはほとんどないでしょうから、そこまでは望めません。

しかし、鉄瓶ならいまの暮らしにも取り入れられるのではありませんか。なにも高級品でなくていいのです。骨董品店などに足を運べば、安い価格のものがいくらでも見つかります。それを手に入れる。鉄瓶を使うと、ガスで沸かしたお湯でもやわらかさ、まろやかさが格段に違います。

そのお湯を使ってお茶を淹れる。淹れ方の〝極意〟を茶聖千利休はこんな言葉で表現しています。

「**茶の湯とは、ただ湯をわかし、茶を点てて飲むばかりなることと知るべし**」（『利休百首』）

極意でもなんでもないと思われるかもしれません。しかし、この〝ただ〟は奥が深いのです。そのことに集中する、ひたすら一生懸命にやる、というのが〝ただ〟の意味するところです。

一生懸命にお湯を沸かし、一生懸命に急須にお茶の葉を入れる。急須にお湯を注ぐことも、急須から茶碗に注ぐことも、すべて一生懸命にやるのです。この一生懸命ということもいまひとつピンとこないかもしれません。

言葉を換えれば、心を込めて、丁寧にするということです。

心を込めてお湯を沸かし、急須に入れるお茶の葉の量もよく考え、丁寧にお湯を注ぎ、茶葉が開く頃合いを見定め、心を込めて茶碗に注ぐ……。お茶を淹れるどの過程からも〝適当〟を排除するのです。

そうして淹れたお茶は香りも味わいも絶品のレベルになります。それをゆっくりと味わう時間は、とても心を豊かにしてくれます。こんな禅語があります。

「**喫《きっ》茶《さ》喫《きっ》飯《ぱん》**」

お茶を飲むときは飲むという、そのことだけに集中し、食事をいただくときはいただくことだけに心を注ぐ、という意味です。これまではお茶についてそんなふうに考えたことはなかったのではないでしょうか。

食事の最後にグイと流し込む、ペットボトルから直接ラッパ飲みにする。そんな飲み方をしていた人もいるでしょう。そもそもお茶を〝味わう〟という意識さえなかったという人が少なくないのかもしれません。

ここで宗旨替えしてください。お茶を飲む時間を大切にするのです。お茶の香りや風味を楽しむことだけにつとめる。すると、

「ああ、おいしいなぁ。いい香りだなぁ。こうしてお茶がいただけてありがたいなぁ」

という思いだけが心に広がってきます。それは、いまあげた禅語を実践している時間にほかなりません。心はどこまでも穏やかで豊かです。

この禅語がいっているのはお茶と食事についてだけではありません。あらゆることに関して、それだけに集中することが大切である、ということをいっているのです。現役時代の朝はテレビを観ながら、新聞に目を通しながら食事をしていたという人が大半ではないかと思います。

いわゆる「〜ながら」スタイルですが、それではどれもが中途半端になります。テレビや新聞の内容がしっかり頭に入ることはありませんし、食事も味わっていただくことにはなっていません。

人が集中して一度にできることはひとつです。「〜ながら」という現役時代の悪習慣を絶って、一つひとつのことを心を込めて、丁寧にやっていきましょう。

朝、鏡を見る

リタイア後も溌剌として生きるには、身だしなみに気を配ることも大切だと思います。現役時代は身支度をするとき、ネクタイが曲がっていないか、シャツの襟はきちんとなっているか、髪はととのっているか、など鏡を見てチェックしていたはずです。

では、リタイア後はどうでしょう。鏡を見て身だしなみをチェックすることがなくなっていませんか。外出するときはチェックしても、家ですごす日は鏡を見ないという人が少なくないような気がするのです。

洗面のとき鏡の前に立っても、チラッと見る程度でチェックまではしていない。その結果、髪に寝癖がついたままになっていたり、服装がだらしなくなっていたり、ということにもなるわけです。

身だしなみの乱れは生活の乱れにも繋がります。

「威儀即仏法《いぎそくぶっぽう》」

威儀を正す、すなわち、身だしなみやふるまいをととのえることが、そのまま仏様の教え（法）に叶うことである、という意味の禅語です。教えに叶うとは、生活を正すことでもあるでしょう。

そうであれば、逆に威儀を乱すこと、身だしなみやふるまいをぞんざいにすることは、生活を乱すことに繋がっていくわけです。寝癖がついたままますごす一日がどんなものになるかは、容易に想像がつくところです。

朝、洗面をして着替えを終えたら、しっかり鏡を見て身だしなみのチェックをするようにしましょう。ととのった身だしなみであってこそ、生活がととのってきますし、心も溌剌としてくるのです。

同時に〝顔つき〟のチェックもする。現役時代は会社での立場がありますから、それにふさわしい顔になるものです。たとえば、役員であればそれなりの威厳のある顔で周囲と接する。顔がゆるみきってしまうなどということはないはずです。

しかし、立場から離れてタガが外れると、顔までタガが外れて締まりがなくなってしまうということもありそうです。締まった顔から始める一日とゆるんだ顔から始める一日では、大きな差が生まれるのではないでしょうか。

また、顔色は健康のバロメーターです。疲れていたり、気持ちが沈んだりしていたら、それは顔色にあらわれます。顔色からその日の自分の状態がわかれば、修正することもできるわけです。

「疲れが出ているから、今日はゆったりと一日をすごそう」

「ちょっと気落ちしているな。元気が出るＤＶＤでも観るか」

といった案配です。身心両面の自己管理のためにも、鏡を見てチェックすることはおおいに意義あることだと思います。

もうひとつ、鏡でチェックしていただきたいのが姿勢です。自分では見えないからでしょうか、人は案外自分の姿勢に無頓着です。姿勢が悪いと見た目にも老け込んだ印象を与えますし、動作やふるまいも活力がないものに映ります。

鏡を見て背筋が伸びているかチェックし、その正しい姿勢を身体で感じながら、一日をすごしましょう。

わたしの本を読んでくださった方で、姿勢チェックを実践しておられるのが、関西在住の女性です。とにかく姿勢に注意をして日々を送っていらっしゃる。六〇代後半の方ですが、周囲からは「一〇歳は若く見えますね」といわれているそうです。

姿勢をよくすることで動きもキビキビしたものになり、それまでは使っていた駅のエスカレーターも使わず、階段を昇るようになった、というお手紙もいただきました。

早起きも励行され、近くにある嫁ぎ先の墓所の掃除も早朝の日課にしているとのこと。

洗濯などの家事もほとんど午前の早い時間に終え、それからはご主人と一緒に京都や奈良に出かけることもよくあるそうです。

「人生が楽しくてしかたがありません」

お手紙にあったそんな言葉から、充実した人生を溌剌として生きておられることが伝わってきます。

身だしなみチェック、顔つきチェック、姿勢チェック。その三つを朝、鏡の前でおこなう習慣をつけましょう。

明日の〝ワクワク〟を思って眠りにつく

朝、起きてから、「さて、今日は何をしてすごすかな」。これはちょっと考えものです。その日にやることが決まっていないと、ダラダラ、グータラするうちに、時間ばかりが経っていくことになります。

そんな日が続くうちに、いつかそれが習い性となり、メリハリのない退屈な日が積み重なっていくのです。それでは気力も、覇気もなくなり、リタイア後の人生を謳歌することなど夢のまた夢、ということになります。もったいないかぎりです。

寝る前に翌日の予定を思い描くようにしたらいかがでしょうか。やるべきことがあるということは、行動力の源泉ですし、心を元気にもします。翌日起きてから、気力をもっていいかたちで、一日を滑り出せるのです。

もちろん、仕事のスケジュールとはちがいますから、それほど厳密に予定を立てる必要はありません。むしろ、〝ゆる〜い〟感じのほうがいいと思います。メインの予定をひとつかふたつ思い描いたらいかがでしょう。

部屋の模様替え、書棚の整理、食料の買い出し、コンサートやスポーツ観戦のチケットの入手、読書（ミステリー小説など何でも）、ＤＩＹ、旅行のプランニング、仲間との飲み会のプランニング、郊外の散策……。

アトランダムにあげてみましたが、心弾むもの、ワクワクするものも少なくないと思いませんか。それぞれの趣味傾向や生活スタイルによってちがってくると思いますが、さまざまな予定が設定できそうです。

〝おおがかり〟なものについては、前日に下準備をしておくといいかもしれません。部屋の模様替えであれば、新たな家具のレイアウトなどを簡略にイラスト化しておく、ＤＩＹなら必要な工具類を点検しておく、散策なら地図でルートをたどってみる、といった具合。何ごとも準備があれば、段取りよく運ぶものです。

あくまでゆる〜いスケジュールですから、天候などによって〝ドタキャン〟もありです。「今日は散策の予定だったが、雨なので中止にしよう」

ということでいい。そのあたりは柔軟に考えてください。また、予定はもっと基本的な生活にかかわることでもいいでしょう。エアコンの掃除をする、布団を干す、キッチンの床を磨く、といったものがそれです。

やるべきことがある。大事なのはそこです。

お粥のすすめ

朝食をしっかりとる。これがいちばん大事な朝の課題かもしれません。食事はいうまでもなく〝命の素〟ですが、現役時代の朝食はけっこう疎かにされていたのではないかと思います。

トーストとサラダをパクつき、コーヒーで流し込んで、いざ出勤とか、家では朝食をとらずに駅近くのコンビニや立ち食い蕎麦店ですませるとか……。いずれにしても、〝味わって〟〝おいしく〟いただく時間的な余裕などなかったというのが、一般的なビジネスパーソンの朝食だったのではないでしょうか。

リタイア後はもう時間にせかされることはないにもかかわらず、そんな食習慣を続けている人はいませんか。身についた習慣を変えるのはかなりの難事ですが、ここは朝食改革に挑戦してはいかがでしょうか。

提案したいのが朝食をお粥《かゆ》にすることです。禅の修行道場では朝は必ずお粥をいただきます。献立を紹介すると、お粥に胡麻と塩を一対一で炒った胡麻塩、それに香菜（漬け物）ですべて。量も腹三分、四分といったところですから、質素このうえなしです。

しかし、体調にはいいことこのうえなしなのです。消化がよくおなかにやさしいですから、消化器官への負担が少ない。その分脳に血液が十分まわって頭が冴える。肌つやがよくなる……。

六〇代以降には嬉しいことばかりです。修行中は三食とも精進料理で、肉や魚はいっさいとりませんし、香辛料などの刺激物も使わないということもあると思いますが、そうしたことにお粥がひと役もふた役も買っているのはまちがいのないところです。

お粥はやはりお米から炊くのがいちばんです。お粥が炊ける炊飯器がありますから、それを利用するのもいいですが、できれば土鍋でコトコト炊くのが手づくり感もあって理想。前の晩にお米をといでおいて、翌朝、火にかけるようにすれば、それほど手間はかかりません。

副菜に好みで焼き魚、梅干し、佃煮などを添えれば、申し分なしの朝食になります。それを味わいながら、ゆっくりといただく。現役時代とはうって変わった満ち足りた朝の時間がそこにあります。

食事を大切にすることは禅の教えの実践です。禅では食に重きを置いていますし、とりわけ、曹洞宗を開かれた道元禅師は食を重視され、『典座教訓《てんぞきょうくん》』『赴粥飯法《ふしゅくはんぽう》』という食に関する書物も著されています。
修行中は食事の前に必ず「五観《ごかん》の偈《げ》」という短いお経を唱えます。以下に紹介しておきましょう。

一つには功《こう》の多少を計《はか》り、彼《か》の来所《らいしょ》を量《はか》る→大勢の人のはたらきで、この食事があることに感謝しながらいただきます

二つには己《おのれ》が徳行《とくぎょう》の、全欠《ぜんけつ》を（と）忖《はか》って供《く》に応《おう》ず→このありがたい食事をいただいていい自分なのか、自分がなしたおこないを反省していただきます

三つには心《しん（の）》を防《ふせ》ぎ過《とが》を離《はな》るゝ、事《こと》は、貪等《とんとう》を宗《しゅう》とす→貪《むさぼ》り、瞋《いか》り、癡《おろ》かな心がないか、みずからに問いかけながらいただきます

四つには正《まさ》に良薬《りょうやく》を事《こと》とするは、形枯《ぎょうこ》を療《りょう》ぜんが為《ため》なり→身心を健全に保ち、修行を続けていくための良薬としていただきます

五つには成道《じょうどう》の為《ため》の故《ゆえ》に、今此《いまこ》の食《じき》を受《う》く→仏の道を行じて（完成して）いくために、この食事をありがたくいただきます

これらの文言からも禅がいかに食事を大切にしているかがうかがえるのではないでしょ

うか。

食事でいただくのは食材の「命」です。動物や植物の尊い命をいただいて、人は生きながらえている、生かしていただいています。また、一粒のお米が口に入るまでには農家の人をはじめたくさんの人たちのはたらきがあります。

禅では「**百人のお蔭**」といういい方をしますが、命に感謝、お蔭様に感謝です。食事の前に手を合わせて「いただきます」を、食事を終えたら「ごちそうさまでした」をいわないと申し訳ない気がしませんか。

感謝の気持ちでいただけば、どの食事もよく味わうことになりますし、おいしさを噛みしめるものになるでしょう。それが、本来の食事です。

第4章

禅が教える
お金の「考え方」「使い方」

お金は人生を豊かにする「道具」と考える

暮らしを立てるうえでなくてはならないのがお金です。ここからはお金について考えてみたいと思います。

お金があれば欲しいものが手に入りますし、おいしいものも食べることができます。海外旅行や豪華クルーズにも出かけることができるでしょう。それらが人生を豊かにすることを否定するつもりはありません。

しかし、お金について本末転倒の考え方はまずい。お金があれば何でもできる、お金があれば幸せになれる、というのがそれです。したいこと、やるべきことを決めるのは心です。幸せを感じるのも心でしょう。

「ああ、やるべきことをやってよかった」

と心が充足することが大事なのであり、その充足が幸福感をもたらすのです。お金はそのための「道具」にすぎません。「本」にあるのは心であり、お金はあくまで「末」です。

たとえば、ふんだんにお金があっても家族の絆が失われ、バラバラであったら、心は虚しいだけではないでしょうか。逆に経済的には豊かでなくても、しっかりと絆で結ばれ、おたがいを思い合う家族であったら、幸せを感じると思うのです。

絆はお金では買えません。人の心も、命もそうです。お金があっても人の心を変えることはできませんし、どんなに大金を積まれても自分の命を売る人はいません。

アイルランドの劇作家、ジョージ・バーナード・ショーに次の言葉があります。

「二十代の頃より十倍金持ちになったという六十代の人間を見つけることは簡単だ。だが、そのうちの誰もが十倍幸せになったとはいわないはずだ」

「道具」は幸せを約束してくれるものではないのです。

もちろん、お金があることは悪いことではありません。こんな言葉があります。

「君子財を愛す、これを取るに道あり」

江戸時代の禅僧、東嶺円慈《とうれいえんじ》禅師が著した『宗門無尽燈論』のなかにあるものですが、徳の高い君子であってもお金を愛するというのです。ただし、後段があります。そのお金を稼ぐために道理を外してはいけない、と続いています。

大事なのはこちら。人の道に外れない、理に叶った稼ぎ方をするということが、お金に関しての大前提なのです。

なりふりかまわずお金を稼ごうとするのは、お金に執着している姿です。そうではなくて、仕事なら仕事に全身全霊で打ち込んで、その結果としてお金がついてくるというのが、道理を踏まえた正しい姿でしょう。

とくにリタイアしてからも、お金を稼ぐことにあくせくしていたら、その執着は醜悪にも見えるのではないでしょうか。禅に「枯《こ》高《こう》」という言葉があります。枯れ長けて美しいという意味です。それは執着から離れた美しさでもあります。六〇代以降がめざすべき境地がこれでしょう。

いくらお金を稼いでも、彼岸に赴くときには、ただの一円ももっていくことはできません。稼ぐことだけに躍起になって、上手な使い方をしなかったら、何のためのお金でしょうか。

なまじ資産をたくさん残したために、その相続をめぐって遺族が骨肉の争いをするというケースも、珍しいことではありません。遺族がお金のためにいがみ合うことになるわけです。故人として心残りのきわみ、つらさのきわみでしょう。

もっている「道具」は大切に、かつ上手に使う。これがお金の使い方の基本です。お金の使い方には品性、品格があらわれるともいわれます。ふだんは質素を心がけ、使うべきときには惜しまずに使う。そんな心がまえでいるのがいいのではないでしょうか。

彼岸にもっていけるのは、どう生きたかという、その思い出だけです。

「これもできなかった。あれもやり残した」

という悔い多き人生だったら、その思い出をもっていかなければなりません。一方、

「できるだけのことはしてきた。充実したいい人生だったなぁ」

と感じられる人はそのよき思い出をもって旅立てるのです。

晩年になったら、よき思い出に繋がるお金の使い方をする。たとえば、家族を喜ばせる、人の役に立つ、社会に貢献する……。そんな使い方なら、品性、品格の点でも文句なしでしょう。

最後にもうひとつ名言をあげておきましょう。

「**墓場で一番の金持ちになることは、私には重要ではない。夜眠るとき、我々は素晴らしいことをしたと言えること、それが重要だ**」（田外孝一著『スティーブ・ジョブズ自分を超える365日の言葉』）

アップル社の創業者の一人、スティーブ・ジョブズの言葉です。肝に銘じましょう。

お金に振りまわされない「知足」とは

「リタイア後はどんな生き方がしたいですか？」

そう問われたら、みなさんはどう答えるでしょう。さまざまな答えが想像できますが、そのなかに必ずあると思われるのが、「穏やかに、心豊かに、生きたい」というものではないでしょうか。

ビジネスパーソンであれば、それまでの間は熾烈な競争社会に身を置き、しのぎを削ってきたわけですから、リタイア後は安らかな暮らし、つまり、心の穏やかさ、豊かさを求めて当然でしょう。

そのためのキーワードが次の禅語です。

「**少欲知足**《しょうよくちそく》」

お釈迦様の最後の言葉をまとめた『遺教経《ゆいきょうぎょう》（仏垂般涅槃略説教誡経《ぶっすいはつねはんりゃくせっきょうかいきょう》）』にある言葉です。「少欲」についてお釈迦様はこうおっしゃっています。

「多欲の人は多く利を求むるが故に、苦悩もまた多し。少欲の人は求めなく欲なければ、則ちこの患なし。直ちに少欲すら、なほまさに修習すべし」

欲が多い人はたくさんの利益を求めるために、苦悩も多いのである。欲が少ない人は求めることがなく、欲もないため、うれいがない。すぐにも欲の少ない生き方を学ぶべきである、というのがその意味です。

さらに、「知足」についてはこう解説しておられます。

「知足の人は地上に臥《ふ》すと雖《いえど》も、なお、安楽なりとす。不知足の者は天堂に処すと雖も、また意にかなわず。不知足の者は富めりと雖も而《しか》も貧し。知足の人は貧しと雖も而も富めり」

足ることを知っている人は地上に寝るような生活をしていても、心は安らかである。足ることを知らない者は天上の御殿のようなところに住んでいても、満足することができない。足ることを知らない者はどれほど裕福であっても、心は貧しい。足ることを知っている人は貧しい暮らしをしていても、心は豊かである、という意味です。

人は生きているかぎり、欲をいっさいもたないということなどできません。何かを求める気持ちが向上心に繋がることもあるでしょうし、意欲という欲は何ごとかをなすうえで必要なものでしょう。

しかし、欲を野放しにしてはいけない。お釈迦様はそうおっしゃっているのだと思います。ものでもお金でも、地位や名誉でも、「もっと欲しい」と思い始めると、歯止めがきかなくなるのです。ひとつのものを手に入れても、すぐにまた別のものが欲しくなる、ある地位についたら、すぐにそれより上の地位を求めるようになる。

手に入れることに執着《しゅうじゃく》するわけです。わたしは「執着のスパイラル」、「心のメタボリックシンドローム」と呼んでいますが、この執着は果てしなく続きます。それが苦悩、苦しみをもたらすのです。

仏教では「苦」は〝思いどおりにならない〟ことから生じるとしています。どこまでも「もっと欲しい」が続くわけですから、思いどおりになるはずがありません。心は騒ぎ、波立ち、苦しくなるばかりです。

欲に歯止めをかけるのが「知足」、足るを知るという生き方です。

「いまあるもので充分だ。それだけでありがたい」

「いまのままで幸せだ。そのことに感謝しよう」

これが足るを知るということ。そのときどきのあるがままの自分を受け容れ、そのことに感謝していけば、余計な欲にとらわれることはありません。つまり、多欲に陥ることがないのです。

リタイアしていたら、地位や名誉を求めることはあまりないかもしれませんが、ものやお金に対しては欲がいつ頭をもたげてこないともかぎりません。そんなときは、いったんそこで立ち止まることです。

そして、欲にとらわれることは、思いどおりにならないという「袋小路」に、みずからを追い込み、苦しみを引き寄せることでしかない、ということをあらためて思い起こしましょう。

それは「少欲知足」に立ち戻る力になるはずです。穏やかに、心豊かに生きるためには「少欲知足」であれ、とお釈迦様が教えてくれているのです。二五〇〇年の歴史をもつ仏教の〝智慧〟は信じるに足ります。

お金の使い方に優先順位をつける

お金の使い方を見直すこともリタイア後には必要です。一般的にはリタイアしたら収入が減るものです。年金が主な収入源という人も少なくないでしょう。その状況で現役時代と同じ金銭感覚でお金を使っていたら、立ちゆかなくなるのは必然です。

まず、「欲しい」と思ってもすぐには買わない癖をつける。少し時間をかけて考えてみるようにするのです。欲しいものにもランクがあるはずです。「必要不可欠」なもの、つまり、それがないと生活に支障をきたすというもの。「あったらいいな」というもの。そして、「あると世界が変わる」と思えるような憧れのもの……。

その三つくらいにランクづけしてみましょう。必要不可欠なものについては買えばいいのです。それを買い惜しんで暮らしにくくなるのでは意味がありません。エアコンが壊れてしまったときに、買い換えずに暑さ、寒さを我慢するというのは、明らかに節約のしすぎです。

あったらいいな、というものは、逆にいえば「なくても困らない」ものです。これはひとまず買い控えるのがいいでしょう。三つめの憧れのものについては、いうまでもなく、買わないことです。

「欲しい」と思ったときは、気分も高揚していますから、判断を誤りやすいといえます。衝動買いがその典型。ですから、一週間はインターバルを置いて〝要不要〟を考えるようにする。その間に先のランクづけをして、買う、買わないを決めるのが、上手なお金の使い方の第一歩です。

いまはネットショッピングが盛んです。これも浪費に繫がる危険が大きいといえます。どの商品にも綺麗な写真といかにも購買欲をそそるキャッチコピーがついていますから、つい、「買い物カゴ」に入れてしまうことになりがちなのです。

ここは〝現物確認方式〟を取り入れたらいかがでしょうか。ネットで展開されている商品のほとんどは、デパートなどの店舗でも販売されています。時間がないわけではないのですから、それを見に行くのです。

実際に目で見て、触れてみて、現物を確認する。そのうえで必要と判断したものは買うというようにするのです。通常、ネットショップのほうが価格は安いようですから、あらためて「買い物カゴ」に入れればいい。

ネットだけで判断してしまうと、

「この洋服、素材が思っていたのとはちがう」
「便利だと思ったのに、案外使いにくいじゃないか」
といったことにもなりかねません。また、ネットショッピングでは、もっているのに同じようなものを買ってしまうこともあるようです。わたしの知人には商品が届いてから、「あっ、これもってた」という経験があるという人が何人もいます。

これはライフスタイルにかかわることですが、できるかぎり「ものを増やさない」ことを心がけて暮らすことも、上手なお金の使い方に繋がると思います。ものが増えればその分スペースがとられ、生活空間が狭くなります。

なかには、収納する場所がなくて、部屋にものがあふれ、その〝隙間〟で生活しているという人もいるのではないでしょうか。「MOTTAINAI」文化の元祖である日本人は、なかなかものを処分できないところがあります。

しかし、それもものが増える原因です。安易にものを買わないのと同時に、長く使っていないもの、使うあてがないものは、思いきって処分することを考える必要がありそうです。

処分するといっても、使えるものは友人や知人に差し上げて使ってもらう、物資が不足している地域にものを送っている団体に提供する、フリーマーケットに出す……など〝活かす〝処分の方法はいろいろありますから、それぞれ工夫してみてください。

禅がめざすのはシンプルな暮らしです。ものを必要最小限に絞れば、部屋もすっきりしますし、生活空間が広がって快適に暮らせます。空間は心に影響を与えますから、気分も清々しいものになるのです。

日本人にはもっとも馴染みが深い禅僧の良寛《りょうかん》さんは、ひとつの器でごはんを炊き、それを食べる器にも、お茶を飲む茶碗にもしていた、と伝わっています。〝清浄の人〟良寛さんのそんな心に学びましょう。

クレジットカードは海外限定で使う

いまはクレジットカードを一枚ももっていないという人はいないのではないでしょうか。発行する際の審査が厳しいカードも一部ありますが、たいがいのカードは簡単に手にすることができますから、複数枚もっている人も少なくないはずです。

わたしも海外に出かけるときには、航空券の手配や海外でのホテルや食事などの支払いにカードを使います。外国には治安のよくない地域もありますから、現金をもち歩くのは危険だからです。

また、ホテルではチェックイン時にデポジット（預かり金）を求められますが、これもカードを提示すれば現金がいりません。海外ではカードのほうが便利で、使い勝手がいいことはたしかです。

ただし、国内ではカードはいっさい使いません。すべて現金で処理しています。現金で支払えば、お金を使ったという〝現実感〟があります。それが浪費にブレーキをかけてくれます。

極端な話ですが、現金の場合は財布が空になったら何も買えませんが、カードなら財布が空っぽ、預貯金なしであっても、何でも買えるわけです。お金を使う感覚がマヒしてしまうといってもいいでしょう。実際、カードの使いすぎで自己破産する人もいます。

もちろん、自己管理ができる人は国内外でカードを使ってもかまわないと思いますが、管理に確たる自信がないのであれば、「カード＝海外限定」「現金＝国内使用」という枡野流を採用してはいかがでしょうか。

現役時代ならカードを使いすぎても、ボーナスで埋め合わせるとか、調整手段はありますが、リタイア後のカードの大盤ぶるまいは、ダイレクトに家計を圧迫します。

「カード払いとなると、気が大きくなってしまって……」

そんな人もいるかもしれません。そうであったら、いっそカードを返納してしまってはいかがでしょうか。高齢になってクルマの運転に自信がなくなった人が、運転免許証を自主返納するケースがあります。

カードも同じかもしれません。使い方に自信がないのであれば、返納するのが最良の手段です。備えあれば憂いなし。〝事故〟が起きてからでは遅いのです。事前に手を打っておくべきでしょう。

「老後資金情報」に惑わされない

高度な情報化社会の現代は、あらゆる情報が飛び交っています。どんな情報も難なく手に入れることができます。その利便性は認めるところですが、一方でそれが弊害にもなるということは知っておく必要があると思います。

今後も高齢化社会が加速されるとあって、老後の生活に関する情報が次から次に発信されています。新聞や雑誌、単行本、テレビ、インターネット……。各種メディアがこぞってその種の情報を流し続けているといっても過言ではないでしょう。

「老後資金は最低○○○○万円必要」

「○○○○万円あれば老後に快適な暮らしができる」

メインになっているのはそうしたお金にまつわる情報でしょうか。それに惑わされると、少々、困ったことになりそうです。

「えっ、○○○○万円⁉　そんな蓄えはない。どうしよう……」

と不安に駆り立てられるのです。情報はマスメディアから発信されると、それだけで信頼できるものと受けとられるところが少なからずあります。しかし、そこであげられている、たとえば、老後資金の数値は何を対象にしたものなのでしょうか。

対象を何にするかで当然、数値は大きく変わってきます。持ち家に夫婦二人で暮らすケースと老人ホームに入居するというケースとでは、必要な老後資金はちがってくるでしょうし、子ども家族と同居する、新たにマンションを購入して暮らす、といったケースでも資金にちがいがあるはずです。

つまり、必要な資金はケースごとにちがうのです。さらに、暮らし方によっても差が出てきます。ですから、まず手がけるべきことは老後をどう生きるか、そのグランドデザインを固めることです。

どんなところに住んで、どのレベルの暮らしをするのか。趣味やスポーツなどのような楽しみを暮らしに取り入れるのか……。それらを考え合わせながら、グランドデザインを描いてみる。それが固まれば、どんな情報が必要なのかが明らかになります。

集めるのはその必要情報だけでいいのではありませんか。むやみに情報を集めすぎるから、惑わされることになるのです。

いったん情報から離れて、暮らしのグランドデザインを描く。安心して老後生活を迎えるための大切なポイントです。

ときどき〝贅沢〟を計画する

どんな暮らしぶりであっても、リタイア後は「堅実」ということを生活するうえでの柱にするのが望ましいと思います。年齢的にも健康面での問題が生じやすくなるでしょうし、身内に不幸があるといったことも想定しておかなければならないでしょう。

医療費や葬儀費用など、いつまとまったお金が必要になるかわからないのですから、堅実を旨として浪費を控え、そのための準備をしておくことが求められます。

ただし、堅実一辺倒ではやはり窮屈な気がします。ときにはガス抜きをして、鋭気を養うことを考えたらいかがでしょうか。

日々の暮らしは長い階段を昇っていくようなものです。階段に踊り場がなければ、しだいに活力も萎えます。踊り場でひと息入れるから、活力が甦って昇り続けることができる。ガス抜きはその踊り場みたいなものです。

ひとつの提案ですが、ガス抜きとしてときには〝贅沢〟をしたらいかがでしょう。たとえば、ホテルのレストランで夫婦そろって食事をする。それも思い切りドレスアップして、ゴージャスな雰囲気に浸るのです。

堅実な日常生活とはちがった非日常的な時間をすごすことで、気分はリフレッシュしますし、新たな活力も注入されるはずです。旅行に出かけるのもいいでしょう。旅はまさしく非日常的な時間です。一泊二日、二泊三日といった短い旅行でも、ガス抜き効果は充分にあります。

贅沢な時間をもつタイミングは、それぞれが考えればいいと思いますが、たとえば、結婚記念日や誕生日などをそれにあてるのもいいのではないでしょうか。結婚生活が長くなると、さまざまな記念日を祝うことも忘れられがち。それを復活させることで、夫婦間にも新鮮な空気が流れ込みます。

贅沢な時間をもつという目標があると、日常生活にも工夫が生まれます。

「次はワインをもう少し高級なものにしよう。そのために少し遠くても、買い物は価格が安いあのスーパーですることにして、少しずつ資金の積み立てをしておこう」

といったことにもなる。そう、〝堅実性〟に拍車がかかるのです。どんな贅沢をするか、考えたり、相談したりするのも楽しみになるでしょう。心ゆくまで贅沢プランを練ってください。

質のいいものをひとつもつ

これも贅沢に繋がることですが、身のまわりのものをひとつ質のいいものにするというのはいかがでしょうか。たとえば、食事をするときのごはん茶碗。それまで使っていたものに暇を出して、少し値の張る自分が気に入ったものにするのです。

九谷焼、有田焼、信楽焼、萩焼……など、日本には伝統的な焼きものがあり、それぞれに風合いがちがいます。陶器の専門店などを何軒も歩いて、そんななかから吟味に吟味を重ねて選ぶ。それ自体が楽しい時間になるはずですし、質のいいものを使うと、それだけで心が豊かになります。

もちろん、大切に扱うことになる。それは食事をゆったり、味わって、いただくことに繋がるでしょうし、食事の所作も丁寧で、美しいものになります。その丁寧な所作は日常的なふるまいにも変化をもたらすのではないでしょうか。

丁寧にふるまうことの心地よさが身体でわかると、すべての立ち居ふるまいをそのようにしようという気持ちになるのです。一つひとつの動作、ふるまいを丁寧にする。それは生活のなかで禅を実践していくことです。

ごはん茶碗にかぎらず、湯飲み茶碗でも、お箸でも、お皿でも、質のいいものをひとつふだん使いにしませんか。

余裕があれば、季節によって器を使い分けるのも素敵です。四季それぞれに季節感のある器を使うということまではしなくても、冬場はぬくもりを感じさせる厚手の素朴な焼きもののごはん茶碗や湯飲み茶碗を使うといったことで、食事の味わいは格段に増すことになるはずです。

日記をつける習慣がある人なら、質のいい万年筆をもつのもおすすめです。日記をつける時間がそれまで以上に楽しく、充実したものになるのは確実。年賀状など時候の挨拶状もパソコンで打って印刷するのではなく、手書きに変わるかもしれません。

使い込んだ万年筆の〝逸品〟は子から孫、さらにはその次世代に受け継がれていくことにもなりそう。自分が愛着をもって使った万年筆を孫が愛用する。そんな日を想像すると心があたたかくなります。

さあ、自分にとっての「これぞ！」という良質な一品をじっくり、じっくり考えてみてください。

見栄を張らず、身の丈に合った金銭感覚をもつ

お金の使い方には品性、品格があらわれるという話はしました。いちばんそれを下げるのは出し惜しみ、出ししぶりをする吝嗇《りんしょく》、いわゆる「ケチ」でしょう。相応の年齢になったら綺麗なお金の使い方をしたいものです。

身の丈に合った使い方をする。ポイントはそこです。人づきあいでも関係性はさまざま。同年代の友人もいるでしょうし、学生時代や現役時代の後輩もいるでしょう。

同年代の友人同士なら、リタイア組が多いと思いますから、このケースは暗黙の了解で〝割り勘〟になるのがふつう。その時点で懐具合に格差があってもこれがいちばんスッキリします。

年下の人については悩みどころかもしれません。

「それまではご馳走していたからなぁ。リタイアしたからって、割り勘というわけにはかないだろう」

そんな思いがあるはずだからです。しかし、見栄を張る必要はありません。無理なくご

馳走できる料金の場所を選べばいいのです。それまでは小料理屋などでご馳走していたのなら、グレードを下げて安価な居酒屋にする、という具合です。

それが身の丈に合っているということです。

「最近はときどきここにくるんだ。年金暮らしには手頃な店だよ。刺身がけっこううまい。遠慮なくやってくれ」

そんないい方をすれば、年下の相手ともいいお酒が飲めるのではないでしょうか。こちらに〝無理〟が見えたら、相手は気詰まりなだけです。

仲間内で海外旅行や温泉旅行の企画がもちあがるということもありそうです。ここも身の丈と相談です。

「来月はクルマの車検費用がかかるし、この時期に○万円の出費は痛いな」

そう思うのであれば、見合わせればいい。無理を承知で参加して、その後生活を切り詰めなければいけないことになったら、生きていくリズムに狂いが生じます。

「**脚下照顧**《きゃっかしょうこ》」（『臨済録』）

自分の足元を見つめなさい、という意味の禅語です。自分の身の丈を知り、身の丈をわきまえてお金を使い、身の丈のままに生きていく。禅語はそのことを教えてくれているようでもあります。

第5章

健康について
どう考えるか

上手に歳をとるコツ

日本には「厄年」と呼ばれる風習があります。前厄、本厄、後厄と都合三年間あるわけですが、男性の場合、本厄は数え年で二五歳、四二歳、六一歳、女性は一九歳、三三歳、三七歳、（六一歳）とされています。

一般的には、女性は三七歳で厄年は終了とされますが、六一歳を男女共通の厄年とする考えもあります。

いずれも人生の節目、変わり目、曲がり角にあたるため、身心ともにトラブルにみまわれやすいとするのが、厄年の考え方です。六一歳はたしかに、身体の衰えを感じる時期ですし、老後の不安など心にかかる負担も大きくなってくるでしょう。

身体の面でいえば、いちばん大切なことは「老いに抗わない」ことだと思います。いくら嫌でも、抗っても、六〇歳を超えて二〇代、三〇代のままでいることなどできないのです。老いることは受け容れる以外にありません。

それが受け容れられず、「三〇代の若さを保ちたい」などと若さに執着すると、当然、そんなことは叶わないわけですから、そこで思い悩み、苦しんだりすることにもなるのです。悶々として日々をすごせば、老いは加速することにもなります。それでは上手に歳をとることはできません。

衰えることを受け容れたうえで、自分ができる努力をする。スポーツなどで身体を積極的に動かす、食事を工夫する、スキンケアを入念にする、エステに取り組む、など努力の方法はたくさんあります。

努力は嘘をつきません。六〇代になっても、

「お若いですね。五〇代にしか見えませんよ」

といった声が周囲から聞こえてきます。そんな声は気持ちを明るくしてくれますから、努力にもいっそう力が入ろうというもの。上手な歳のとり方のポイントはそんなところにあるのだと思います。

「**体に悪いことを人生から差し引くより、体にいいことを人生にプラスしよう**」（斎藤茂太『いい言葉は、いい人生をつくる』成美文庫）

これは精神科医であり、名エッセイストでもあった斎藤茂太さんの言葉です。文字どおりのプラス思考です。六〇歳をすぎたから、こんなことはやめようではなく、こういうことをしていこう、と考える。〝いい努力〟をどんどんプラスしていきましょう。

健康オタクにならない

六〇歳をすぎたら健康に留意することは必要です。睡眠不足を〝寝だめ〟で解消しようとしたり、食欲の赴くまま野放図に食べたり、深酒をしたり、といったことは控えるべきです。それらは生活リズムを崩す大きな要因です。

少なくとも、起床時間と睡眠時間は一定にする。生活リズムを保っていく基本条件がそれです。食事については、現役時代に比べて消費エネルギーは低下するはずですから、腹八分目を心がけるようにしましょう。

「そんなことはいわれなくてもわかっている。健康にはもうこれ以上することはない、というほど気を使っている」

なかにはそんな人がいるかもしれません。ウォーキングを日課にし、食事の注意は怠らず、サプリメントも多種多彩のものを欠かさず飲んでいる……。有り体にいえば、「健康オタク」のみなさんです。

しかし、過ぎたるは及ばざるがごとし、という諺もあります。オタクのレベルにまでなるのは考えものかもしれません。たとえば、ウォーキングでも、日課にすると義務感がともないます。

天候が悪くても、「やらねばならぬ」の思いで出かけることになる。冷え込みの厳しい日や雨が降りしきる日にウォーキングを義務感で励行することが、ほんとうに健康のためになるでしょうか。むしろ、風邪をひいて寝込んでしまったりする可能性のほうが大きいような気がするのです。

食事も肉食の弊害がさまざまにいわれているから「断つ」というのはどうでしょうか。もともと肉嫌いであれば別ですが、食べたい気持ちはあるのに、食べないようにするのでは、ストレスもたまります。

サプリメントも必要なもの、合うものを選んでとるというのなら、かまわないと思いますが、あれも、これも、というのはあまり意味がないのではないでしょうか。ごはん代わりにサプリメントを食べていたという人が、七〇代前半で亡くなった（サプリメントが原因ではありませんが……）という話も、わたしの身近で聞いています。

六〇歳以降の〝健康法〟にはフレキシビリティが必要でしょう。天候や体調によってはウォーキングをスキップする、ときには肉も堪能する、サプリメントはほどほどに……。いいさじ加減を見つけてください。

楽しく、健康になる秘訣

継続は力なり。誰もが知っている格言ですが、健康を保つために何に取り組むにしろ〝続ける〟ことが大切です。ウォーキング、ジョギング、エアロビクス、などは六〇代以降にも人気があるようですが、三日坊主で終わってしまったのでは、効果が得られるはずもありません。

続けるうえでのいちばんのポイントは、それをすることに楽しみが見出せるということです。その意味では、テニスを好きな人がテニスをする、ゴルフ好きがゴルフをするというのは理想でしょう。

プレーすることが楽しいわけですし、それが健康にも寄与することになる。継続を阻む要素がありません。一方、ウォーキング、ジョギングなどは、どちらかといえば、楽しみが見出しにくいのではないでしょうか。

しかし、これも手立てがあります。ウォーキングやジョギングのルートに〝お楽しみスポット〟を組み込むのです。たとえば、おいしいコーヒーが飲めるカフェを中間点に置くようにルートを設定する。

そんなルートなら、しばらくウォーキングをしたあと、中間点にあるカフェに立ち寄って、コーヒーブレークができます。それで身体も心もリフレッシュ。残りのルートも快適ウォーキングになります。

カフェのオーナーやスタッフと顔馴染みになれば、会話も弾むでしょうし、新しい人間関係も生まれます。カフェに立ち寄る楽しさは、継続のための充分なエネルギーになるはずです。

フィットネスクラブやスポーツジムで汗をかくというのであれば、近くのお気に入りの店でランチをするというのはいかがでしょう。午前中にたっぷり汗をかいたあとは、シャワーを浴びてさっぱり。ランチをとって帰宅するというプランです。

これなら、外食する楽しみもありますし、少々きついワークでも、「今日は気がすすまないな」ということにはならないと思います。

健康法と楽しみをセットにする。時間を自由に使えるリタイア後でなければ実現できない妙法です。

身体は〝無理せず〟〝甘やかさず〟がいい

二〇代、三〇代の頃は身体に少々負担をかけても、若さという回復力があって健康を損なうことはなかったかもしれません。仕事で徹夜をしても、一晩ぐっすり眠れば、元気も気力も甦った。みなさんにも経験があるのではないでしょうか。

しかし、六〇歳を超えたらそうはいきません。「年寄りの冷や水」という言葉もあるように、無理をすればたちまち身体にこたえ、変調をきたすことにもなります。

たとえば、健康のためのウォーキングでも、いきなり、「よし、一〇キロ歩こう」とあまりに高いところに目標を据えて挑んだりすれば、途中でへばってしまったり、歩き通したとしても、翌日は筋肉痛で起きるのもままならない、ということになったりします。自分の身体、体力を過信してはいけません。

一方、「もう、この歳なのだから、運動などとてもできない。身体はいたわらなくては……」と考えて運動は控えるというのはどうでしょう。身体をいたわるのはいいのですが、これではいたわりすぎ、過保護にすぎます。動かさなければ筋肉も衰えますし、身体はどんどん動かなくなります。

ウォーキングでいえば、たとえ一キロでもいいですから、始めてみることです。身体がその運動（ウォーキング）に慣れてくれれば、必ず、二キロ、三キロ、五キロ……と歩ける距離は伸びていきます。それにしたがって日常生活でのさまざまな動きも、軽やかなものになるでしょう。

〝無理せず〟〝甘やかさず〟。六〇歳以降は身体について、そう考えたらいかがでしょうか。じつはこれは仏教の基本的な考え方でもあるのです。

「**中道**《ちゅうどう》」

不苦不楽の中道ともいいますが、苦行と快楽のどちらにも極端に偏ることなく、その中間の適切な道を行きなさい（修行をしなさい）ということです。

健康についていえば、無理（苦行）も甘やかし（快楽）も正しくはない、健康であるための良法ではない、ということでしょう。

みなさんそれぞれにとって〝適切な道〟、すなわち、ふさわしい運動を見つけていきましょう。

主治医をもつ

健康を管理するうえで欠かせないのが定期的な健康診断です。一年に一度くらいは人間ドックや健康診断を受けるようにしましょう。自治体からも検診の案内が届きますから、その機会を利用するのもいいと思います。

検診を受けることで、全体的な身体の状態、各臓器器官の機能レベルを把握することができますし、注意すべき点があればそれを知ることもできます。

身体に不調があるときは医師にかかるわけですが、その場合は大学病院や総合病院など大規模な医療機関ではなく、自宅近くの医院やクリニックで受診するのがいいのではないでしょうか。

大病院は医療設備もととのっていますし、医師やスタッフも充実しています。しかし、かかる患者さんの数が多いのが難点。長い時間待たされて、診察は数分というケースも少なくないようです。

いちばん望ましいのはいつも同じ医師に診てもらうことですが、大病院は医師の入れ替わりがありますから、なかなかそういうわけにはいきません。その点では医院やクリニックのほうにメリットがあるといえます。

風邪をひいた、熱がある、腹痛がする……といった日常で起きやすい症状のときは、近くの医院やクリニックを受診するようにしたらいかがでしょう。何人か医師がいる場合は、同じ医師を指定する。

そうすることで、医師と〝顔見知り〟にもなり、「主治医と患者」という関係ができあがります。自分の身体の状態、変化を知ってくれているのが主治医の何よりの強みです。処方する薬にしても、もっともふさわしいものがわかっているでしょう。

しかも、密にコミュニケーションがとれます。大学病院ではじめて診てもらう医師に対しては、いいたいことがいえなくても、主治医であれば、遠慮なく、治療に関しての自分の希望や意思を伝えることができるはずです。

高度な検査や治療が必要なケースでは、主治医が適切な医療機関を紹介してくれますし、医師あての紹介状も書いてくれます。医師同士のネットワークは緊密ですから、「この分野ではとても腕のいい友人の医師を紹介しますね」ということにもなるわけです。

健康管理はもちろん、自分が主体ですが、その心強い支えになるのが主治医です。ぜひ、主治医をもってください。

医療の基礎知識は頭に入れておく

医療はきわめて専門性が高い分野ですから、病気になったら医師の手にゆだねるのは当然のことです。しかし、何もかも医師に〝まかせっぱなし〟というのはどうでしょうか。いまはインターネットで医療に関してたくさんの情報が提供されています。かりに自分が病気になったり、何かしらの症状が出たら、その病気や症状についての基礎知識程度は頭に入れておいたほうがいいと思うのです。

医師は病名を特定したり、治療方針を決定するために、さまざまな検査をします。もちろん、検査は必要ですが、問題はその数が適切かどうかです。医師側としては、「あの検査をしておけば、もっと詳しいことがわかったのに……」といったことにならないように、多くの検査をするわけです。

それにも一理ありますが、検査のなかにはしなくてもいいもの、基礎知識の範囲でも〝必要なし〟と判断できるようなものもあるのでないでしょうか。実際、わたしは親しい友人の医師に診てもらっているのですが、ズラリと並んでいる検査リストのペーパーを見

ながら、彼から、

「この状態なら、これもいらない、これも必要ないな。今回はこれとこれだけ検査をすればいいよ」

という説明を受けることがあるのです。友人同士ということもあって、必要最小限の検査に絞ってくれるのでしょう。通常はそういうわけにはいかないと思いますが、基礎知識を心得ていれば、

「この検査は必要なのでしょうか？」

と尋ねることはできます。それに対して的確な答えがもらえれば、納得して検査を受けることもできます。医師に対して疑問を呈したり、質問したりするのは気が引ける、ということはたしかにあるでしょう。

その結果、医師に〝まかせっぱなし〟、医師の〝いいなり〟ということになるのだと思います。しかし、自分の健康はまず自分が守る、という観点からすれば、そのくらいの姿勢はもっていていいのではないでしょうか。

基礎知識を頭に入れているということは、病気や症状と真正面からきちんと向き合っていることでしょう。そんな患者さんを医師はけっして〝煙たい存在〟と感じることはない、と信じたいと思っています。

病気とどう向き合うか

いつどんな病気になるのかは誰にもわかりません。しかし、年齢を経るにしたがって病気にかかる可能性が高くなることはたしかです。病気の種類や重篤度にもよるのだと思いますが、病気になった途端、気落ちしてしまった、気弱になってしまった、気力をなくしてしまった、という話をよく耳にします。

病気とどう向き合うか。これは、六〇歳以降には避けては通れない課題のひとつでしょう。良寛さんにこんな言葉があります。

「**災難に逢う時節には、災難に逢うがよく候**」

災難がやってくるときは避けようがないのだから、ジタバタせずに災難を受け容れたらいいのである、ということです。良寛さんは続けて、そうすることが災難を逃れる妙法、つまり、すぐれた方法だといっています。

病気についてもまったく同じことがいえるのではないでしょうか。

「病気に遭う時節には、病気に遭うがよく候」です。気落ちしたら、気弱になったら、気力を失ったら、病気がよくなるのでしょうか。もちろん、そんなことはあり得ません。それどころか、病は気からですから、回復が遅くなることは目に見えています。

　病気になったという事実は変えようがない、自分ではどうにもならないのです。禅はどうにもならないことは「放っておきなさい」と教えます。ですから、病気になったことは放っておく。放っておくとは、そのまま受け容れるということでしょう。

　受け容れてしまえば、「病気にさえならなかったらなぁ」などとわが身を嘆き、健康であったときを未練がましく考えることもありません。

　わたしは、曹洞宗大本山總持寺の貫首をつとめておられた板橋興宗《いたばしこうしゅう》禅師と親しくさせていただいています。その板橋禅師にガンが見つかりました。わたしがお見舞いの手紙を差し上げると、板橋禅師からはこんな言葉が返ってきました。

「**ガンとは仲よくやっておりますよ。仲よくするよりしかたがない**」

　この「しかたがない」はけっして、諦めではありません。ガンである自分を受け容れて、その自分であるがままに生きていく、という宣言だとわたしは受けとっています。

　病気になったら、病気である自分をくらます（誤魔化す）ことなく、あるがままに生きていけばいいのです。病気だからできないことを思うより、病気の自分ができることを考えましょう。

裸足の心地よさを知る

修行時代の話をしましょう。禅の修行は各地にある修行道場でおこなわれます。曹洞宗の場合は、福井県の大本山永平寺、神奈川県の大本山總持寺に加え、地方僧堂もあります。ほとんどの雲水（修行僧）がそのいずれかで修行の日々を送ります。

禅の修行の厳しさはみなさんもご存知のところかもしれません。現実は「聞きしにまさる」というレベルです。その詳細についてはここではお話ししませんが、こたえるのが冬の寒さです。

わたしが修行させていただいたのは總持寺ですから、寒いといっても〝ほど〟がありますが、福井県の山中にある永平寺の寒さは格別。酷寒といっていいでしょう。しかし、その冬場でも雲水は素足。足袋を履くことは許されません。

凍えるほどの冷たさでしょう。ただ、人の環境適応能力にはすぐれたものがあります。しばらく修行を続けていると、その酷寒も身を引き締めてくれているように感じ、心地よささえ覚えるようになるといいます。

実際、裸足でいると心地よいのです。わたしも若い頃は一年を通して裸足ですごしていました。六〇歳を超えたいまはさすがに冬場は足袋を履きますが、三月から一一月の間は裸足です。

靴下を履いていると、足の指を自由に動かせません。常に圧迫されている感覚でしょう。足は第二の心臓ともいわれ、とくにふくらはぎの筋肉を活発に動かすことで、心臓から下半身に送られてきた血液を、スムーズに心臓に送り返すポンプの役割を果たしてくれるのです。

裸足なら足の指が自由に動かせますから、ポンプの性能は高まります。つまり、血流がよくなるのです。全身の血行のよさは健康にとって大きな力になります。

たとえば、手足の冷えに悩む女性が少なくありません。その原因はさまざまとされますが、身体（血管）を締めつけるような洋服、ストッキングなどを着けていることも、そのひとつだといわれています。

裸足になって締めつけから解放してあげることは、冷え対策にもなるのではないでしょうか。

一年中裸足でいることは無理にしても、春先から秋口まで外出するとき以外は裸足で暮らす。それを基本スタイルにしてはいかがでしょう。

最近は靴下を履かず裸足で靴を履くのが、おしゃれのひとつにもなっているようですが、健康面からいえば靴で足を圧迫したのでは意味がありません。裸足暮らしにふさわしい履きものは、なんといっても下駄か草履です。

じつは下駄や草履にもすぐれた健康効果があるのです。足にはツボがたくさんあることをご存知でしょうか。とくに足の親指と第二指の間には重要なツボ、脳や内臓に直結するツボが密集しているといわれます。

下駄や草履の鼻緒がそのツボを効率よく刺激してくれるのです。足ツボマッサージが変わらずブームのようですが、わざわざマッサージを受けなくても、下駄を履いて歩くだけでツボ刺激効果がもたらされます。

いまの生活で下駄や草履を履く機会は、浴衣を着てお祭りや花火見物にでかけるとき、お正月に和装で初詣をするときくらいでしょうか。しかし、下駄や草履は浴衣や和装に限定された履きものではありません。

わたしが子どもの頃は大人も子どもも、男性も女性も日常的にけっこう下駄を履いていました。外の道を行き交うカラン、コロンという下駄の音が、家のなかにいても聞こえてきたものです。

洋服に下駄もいいではありませんか。デニムに下駄履きなどファッション的にも斬新ですし、粋も感じさせます。女性用の下駄は鼻緒もバリエーションが豊富ですから、自分に合うもの、気に入ったものを選ぶ楽しみもあります。

最近は作務衣にも人気が集まっているようです。禅僧のいわば〝普段着〟ですが、ゆったりとしていて身体を締めつけることもありませんし、動きやすさという点ではピカイチです。

もちろん、下駄との相性は抜群ですし、夏場も爽快にすごせます。「裸足＋下駄」、プラスアルファとして作務衣。提案したいリタイア後の暮らし方改革です。

朝の散歩で、身体も心もリフレッシュ

わたしは毎朝、五時半から六時くらいに寺の門を開けますが、その時刻に散歩をしている人、ジョギングをしている人が、このところずいぶん増えてきています。「おはようございます」と声をかけると、みなさん笑顔で応えてくれます。早朝の澄んだ空気のなか、身体を動かすリフレッシュ効果がもたらす明るい笑顔だという気がします。

朝の散歩を身心両面で健康を保つための「柱」にしてはいかがでしょうか。

散歩の効果については、さまざまな著名人が名言を残しています。一部あげておきましょう。

「**悩み事は、散歩して忘れるのがいちばんだ。まあちょっと外へ出てみたまえ。ほら、悩みごとなんか、翼が生えて飛んでいってしまう**」(『人を動かす』D・カーネギー著、山口博訳)

これは多くのベストセラーを出している米国の著述家、デール・カーネギーの言葉です。心の悩み、モヤモヤを散歩が綺麗さっぱり消し去ってくれたという、自身の経験に裏打ちされた言葉のように聞こえます。

「僕にとっては、ニューヨークそのものがとても想像をかきたてる存在だから、朝マディソン・アヴェニューを散歩して仕事に行く人々や学校へ行く子供たちを眺めるだけでたくさんのアイデアがわいてきて、もっとこの街についての物語を語りたくなる」（「まるちょん名言」WEBサイト）

こう語っているのはアカデミー賞受賞歴をもつ米国の映画監督、ウディ・アレンです。彼が発表した数々の秀作には、朝の散歩で得たアイディアが、ふんだんに活かされていたということでしょう。

朝歩くことの気持ちのよさは格別です。その日が人生にとってかけがえのない日であることが感じられます。自宅を中心に日々を送っていると、毎日、毎日を惰性ですごしているように思えることがあるかもしれません。しかし、散歩をしていると、空気感も、陽射しも、風の肌ざわりやにおいも……ひとつとして同じ日はないことに気づきます。

「こんな風を感じられるのは、この日しかないんだなぁ。人生にたった一日しかない今日を精いっぱい、思いきり生きなければ、もったいないないな」

気づきはそんな思いをもたらすはずです。どんな一日も精いっぱい、思いきり生きる。それは、身心ともに健康でいるための要だと思います。

また、散歩をしていると思わぬ発見があるかもしれません。現役時代は自宅と会社の往復ですから、自分が住んでいる地域について詳しくは知らないのではないでしょうか。近くの自然についても、点在する店舗などについても、頭に入っていないのが実情なのではありませんか。

「へえ〜、こんなところに小川が流れていたのか。魚も泳いでいるじゃないか。あっ、鳥がやってきた！」

「こんな住宅地に骨董店があっただなんて！　古そうなつくりだな。今度ゆっくり覗きにきてみよう。楽しみが増えたぞ」

散歩ルートには意外なスポットがあるかもしれません。発見は常に心を沸き立たせてくれます。心の健康にワクワク感は大事です。リタイア後の生活は、ともすれば心の刺激がなくなりがちです。継続的に心地よい刺激を受けるうえでも、散歩にまさるものはないのではないでしょうか。

散歩ルートに公園や広いスペースがあったら、「ラジオ体操」をしてはいかがでしょう。身体の各部分をくまなく動かすようにプログラムされたラジオ体操は、老若男女を問わず、誰にでもできる体操として一級品です。

日本では工事現場で作業前におこなったりしていますが、いつからかゼネコンが海外の現場にもち込み、そこでもおこなわれるようになっているようです。事故防止におおいに役立っているのだと思います。

散歩ルートに適当なスペースがないのであれば、散歩の締めくくりに自宅の庭や玄関先、マンションのベランダでラジオ体操をするというのはどうでしょう。

あるいは逆に、午前六時に起床、六時半からの放送（ＮＨＫラジオ）を聞きながら、ラジオ体操をして散歩に出るということにしてもいいかもしれません。

第6章

いい人生を締め括る、禅の「仕舞い支度」

相続させるのは「金品」ではない

相続ということが視野に入ってくるのはいつくらいの時期からでしょうか。暮らしている環境や家族構成によってもちがってくると思いますが、六〇代後半、あるいは七〇代になってから、というのが一般的かもしれません。

ところで、みなさんは相続という言葉が、もともと仏教の言葉であったことをご存知ですか。相続といえば、現在では現金や不動産などの資産を子どもに譲り渡すことを意味していますが、本来はそうではないのです。

師が自分の教えを弟子に授けていく。仏教ではそれを相続といったのです。その仏教語をもちいて、資産の譲り渡しを相続というようになったのは、おそらく明治以降だと思います。

譲り受ける子どもや身内も「相続＝資産」と考えているいま、取り分をめぐるトラブルも少なくないようです。相当な資産家の場合は顧問弁護士などを介して、相続人それぞれの相続分を明確にした遺言などを残しているようですから、比較的トラブルは少なくないと聞きます。

いちばん揉《も》めるのが次のようなケースだといいます。主な遺産が不動産の場合です。たとえば、長男夫婦が父親（母親はすでに他界）と一緒に暮らしていて父親が亡くなった。きょうだいはほかに次男と姉がいる。

法律上は遺産をきょうだい三人で均等に分けることになっています。しかし、遺産が家と土地では簡単に分けるわけにはいきません。誰も住んでいなければそれを売って、売却代金を三分の一ずつ相続すればすみますが、このケースは長男夫婦が住んでいるわけですから、それはできない。

また、長男夫婦が売却代金の三分の二にあたる金額を、自分で負担して次男と姉にわたすという方法もありますが、こちらは長男夫婦にかなりの蓄えがあることが条件になります。かりに売却代金が三〇〇〇万円だとすれば、二〇〇〇万円を負担しなければいけないことになるわけです。

いずれにしても、不動産の相続は揉めるケースが多々あるようです。

それを回避するには、早い段階から、相続に関して話し合い、どのようにするかを明確にしておくことです。時期としては、体力、気力、知力がしっかりしている間におこなうべきでしょう。

死がいつ訪れるかわかりませんし、急に認知症の症状があらわれることもあるわけですから、先延ばしにしていると遅きに失するということにもなりかねません。

自分で、あるいは配偶者と一緒に〝原案〟をつくり、それをもとに相続の権利がある人間と話し合う。さまざまな意見が出るでしょうから、それらを加味しながら調整していく、というのがいいのではないでしょうか。

全員が顔をそろえたうえでの決定事項なら、のちのち誰かが異論を唱えるということにはならないはずです。

そうした通常の相続のほかに、本来の意味での相続も考えていただきたい、というのがわたしの心からの思いです。教えを授けるということをみなさんにあてはめれば、「生き方」「生きざま」を伝えるということになるでしょう。

子どもは親の背中を見て育つといわれます。親のなにげない発言やふるまいを子どもはよく見ています。そこには生き方や生きざまが滲み出ていますから、子どもが感じとったもの、伝わったものは、たしかにあったはずです。

しかし、ビジネスパーソンは総じて多忙な日々を送っています。子どもと接する時間があまりとれなかったという人は少なくないのだと思います。生き方、生きざまの〝相続〟は十分におこなわれたとはいえないのではないでしょうか。

そうであるなら、「自分史」を綴ってみてはいかがでしょうか。ゆっくり時間をかけて、それまでの人生の折々でしてきたこと、感じたこと、考えたこと、また、喜びや、怒りや、悲しみ、感銘を受けた言葉……などを思いつくままに綴るのです。

かまえたりする必要はありません。思いたったときに少しずつ、箇条書きでも、メモのようなものでも、いいではありませんか。思いたったときに少しずつ、率直に記していけばいいのです。そこに、生き方、生きざまが投影されないはずはありません。

旅立ったあと、それを目にした子どもたちが、

「おやじはこんなことを考えていたんだなぁ。知ることができてよかった」

「こんなおふくろの思いを生きているうちに汲みとってあげたかった」

といったふうにさまざまな思いで噛みしめる。ぬくもりがあって、心にしみる相続だと思います。

感謝の思いを伝えていく

人は人とのかかわりのなかで生きています。いえ、生かされているといっていいでしょう。独立独歩でそれまでの人生を歩んできたと感じている人も、見えなかったり、気づかなかったりするだけで、その陰にはたくさんの人の支えや助けがあるのです。

「**諸法無我**《しょほうむが》」（『涅槃教』）

これは仏教の根本をなす考え方を示す言葉です。あらゆるものはかかわりによって存在しているというのがその意味です。自分とかかわってくれた人たちを思い起こし、そのご縁に感謝する。ぜひ、やっていただきたい仕舞い支度のひとつです。

会う機会がある人なら、あらたまったかたちではなく、何かの折にさり気なく、

「あのときのことを覚えているかい？　とことんわたしの話を聞いてくれたね。ほんとうにありがたかったなぁ」

と伝える。年賀状のやりとりをしている人であれば、その人との交流で印象深かったことに触れ、一筆添えたらいかがでしょう。

「一緒に仕事をしていたときのことを思い出します。かけがえのないパートナーでした。お世話になりました。ありがとうございます」

すでに亡くなっている人に対しては、お墓参りをするのもいいと思います。墓前で手を合わせ、その人とともにすごしたときのことを思い、感謝の気持ちを伝えるのです。

なかには親しくしていたのに、何かの理由で仲たがいしてしまったという相手がいるかもしれません。理由にもよりますが、できれば、関係を修復してはいかがでしょう。一度はいい関係にあった相手なのですから、こちらから歩み寄れば、〝過去を水に流す〟ことはそう難しくはないはずです。

「あいつのせいで嫌な思いをした」

そんな感情を引きずったままでは、心にトゲが刺さっているようなものです。関係を修復すればトゲは抜け、心はラクになります。心をラクにしていくことも、仕舞い支度では大切なことだと思います。

そして、心に感謝の思いをどんどん積み重ねていく。感謝することほど心を穏やかにしてくれるものはありません。晩年を幸せにすごすためのカギを握っているのが、その穏やかな心です。

積み残したものを拾っていく

前項の仲たがいした相手との関係修復もそうですが、それまでの人生を振り返って、「あれをやりたいと思っていたのに、いままではできなかったなぁ」というものが誰にでもあるのではないでしょうか。いってみれば、「積み残し」です。それを拾っていく、ひとつずつでも実現していく。それは、人生をより充実させることに繋がります。

時間をかけて積み残しをリストアップしてみたらいかがでしょう。

▼ミシュラン三つ星のあのレストランの料理を味わいたい
▼富良野のラベンダー（吉野の桜……）を見たい
▼ほんものの「モナ・リザ」の前に立ちたい
▼一度、クルージングをしてみたい
▼小学校時代の親友にもう一度会いたい

もちろん、実現できるものとそうでないものがあるでしょう。たとえば、「モナ・リザ」

鑑賞は日本でモナ・リザ展が開催されないかぎり、パリまで赴き（常設展示している）ルーヴル美術館に足を運ばなければなりません（実現できる人は、ぜひ、してください）。ですから、できるものからやる。実現のために、早速、動き始めるのです。「禅即行動」です。日程の調整、資金の手当て、予約、所在確認、交通手段の手配……。すぐにできることはいくらもありそうです。

そして、ひとつ実現したら、次に向けて動き出す。体力、気力、知力がしっかりしている間であれば、かなり拾える、実現できるのではないでしょうか。

もうひとつ、素敵な拾いものがあります。配偶者がすでに旅立っている場合ですが、生前に「実現したい」と語っていたことを〝代行〟するのです。どこかに旅をしたいということであったら、配偶者の写真を携えてその地を訪れる。

わたしはご法事の際に遺族にそのことを申し上げています。ほとんどのご遺族が実現していらっしゃるようです。故人が憧れていた地、行きたいと願っていた地に立って、遺影を取り出し、ともにしばしの時間をすごす。

「美しい風景だね。来てよかったね」

何よりの供養ですし、故人の遺志を継ぐことにもなります。

年のはじめに「遺偈」を書く

現在ではあまりおこなわれていないようですが、かつて禅僧は年のはじめに「遺偈《ゆいげ》」という短い漢詩を記すのが習いでした。そのときの自分の心境をそこに表現したのです。一月元旦から始まるその一年がどのような年になるかはわかりません。もしかしたら、命を失うようなことになるかもしれない。そのときは遺偈が「辞世」ともなったのです。先代であるわたしの父も遺偈を記していました。

除草調清境→草を除き、清境を調え
是八十七年→これ八十七年
惟為建功尽→ただ建功の為に尽くし
信歩静安禅→信じて歩すれば安禅静なり

自分が住職をつとめている「建功寺」の「建功」と自分の名前「信歩」を織り込んだ遺

偈です。寺への思いと禅僧として生きる自分の信念のようなものがうかがわれる。そんな気がします。

一年のうちでいちばん心があらたまるのが新年です。そのまっさらな心でみなさんも遺偈を書いてみてはいかがでしょうか。なにも漢詩の体裁をとる必要はありません。その年をどんな思いですごそうと考えているのか、どんなことをしたいのか、といったことでもいいですし、その瞬間に胸にふっと浮かんだことでもいいのです。

それを毎年、毎年、更新していく。年を重ねるにつれ、年初の思いは変化していくでしょう。そして、いつかはそれが〝辞世〟になるときがきます。遺族は遺偈から故人がその年のはじめに抱いていた思いを知ることができるのです。

それは、精いっぱいの心を込めて故人を送ることに繫がっていくと思います。

わたしは父のようにはできませんが、一年間のダイアリーの最初のページに思っていることを書くようにしています。ダイアリーは一年間使いますから、繰り返し書いたものを見ることになります。

それが自分を律する助けになったり、叱咤してくれたりします。

こんな遺偈ならみなさんにもできるのではありませんか。

生きるということ、死にきるということ

「門松は冥土の旅の一里塚めでたくもありめでたくもなし」（『狂雲集』）

これは一休さん、一休宗純《いっきゅうそうじゅん》禅師が詠んだものとされますが、新たな年が明ければまたひとつ歳をとり、冥土に近づくわけですから、めでたさも半分ということでしょうか。歳を重ねるごとに死が一歩近づいてくるのを感じる。いつかはそんな感覚をもつようになるのかもしれません。

さて、みなさんは死をどのようなものと捉えていますか。もちろん、死の世界に行って戻ってきた人はいない（臨死体験は死ではありません）わけですから、明確に死を語るすべはないのですが、「生が尽きた状態」というイメージをもっている人は少なくないのではないかと思います。

言葉を換えれば、生の延長線上に死がある、生の終了が死である、という捉え方です。しかし、禅では死をこう捉えます。

「前後際断《ぜんごさいだん》」

すでに紹介した禅語です（10ページ）。そこでは薪と灰を例にあげて説明しましたが、薪を生、灰を死に置き換えると、それがそのまま禅の死の捉え方になります。

死は生が尽きた状態ではありません。生の延長線上にあるわけでもなく、生の終了でもないのです。生は生で絶対、死は死で絶対です。両者は繋がってはいません。はっきり断たれています。

「いい死に方をしたい」

そんなことをいう人がいますが、生きているときに死を思っても意味はありません。絶対である生をまっとうすることだけを考え、そのことにつとめればいいのです。禅ではそれを「生ききる」といいます。

禅問答めいてわかりにくいでしょうか。禅にはこんな言葉もあります。

「**即今《そっこん》、当処《とうしょ》、自己《じこ》**」

即今はたったいま、その瞬間ということ、当処は自分がいるその場所でということ、自己はほかの誰でもない自分自身でということです。ですから、その瞬間に、自分がいる場所でやるべきことに、自分自身のすべてを投入しなさい、というのがこの禅語の意味になります。

これがまっとうしている姿、生ききっている姿といっていいでしょう。そのようにして生きったら、死にきることができます。死にきるとは、死を自然に、あるがままに、受け容れることだと思います。

現役時代はどうしても仕事が最優先になります。組織の一員として動いていれば、組織の論理というものがあり、それにしたがう必要があるわけです。状況によってはその論理と自分の思いが必ずしも一致しないこともあるでしょう。

やらざるを得ない仕事、やらなければならない仕事もある。しかし、リタイアしたらもうその論理からは卒業です。ここからは自分の論理で、自分の思いに忠実に、生きることができるのです。

禅は「**行住坐臥**《ぎょうじゅうざが》」、すなわち、歩くことも、止まることも、すわることも、臥《ふ》すことも、すべてが修行です。日常の立ち居ふるまいの一切合切、修行でないものはありません。ですから、坐禅や読経は精魂込めてやる一方で、掃除は手を抜くなどということはあり得ないのです。

もっといえば、顔を洗うことも、食事をいただくことも、お茶を飲むことも、お風呂に入ることも、起きること、寝ることも、坐禅や読経と同じ心でおこないます。

「**即今目前**《そっこんもくぜん》」(『臨済録』)

たったいま、目の前にあるやるべきことに精魂を込める、そのことに心を配る、そこでひたすら自分をまっとうしていく、という意味です。リタイア後の生活の土台になるのがこのことだと思います。

立ち居ふるまいのどれにも、自分らしく、自分の精いっぱいを傾けましょう。それが、そのときどきのいまを、その瞬間を生ききっている自分です。そうしていたら、現役時代にも増して日々が輝いてきます。

臓器移植をどう考えるか

自分の臓器が機能しなくなった場合、人からその臓器の提供を受けるのが臓器移植ですが、これには家族などから臓器の一部の提供を受ける生体移植と、脳死、または心肺停止になった人の臓器の提供を受けるものがあります。

臓器移植について仏教ではこう考えます。自分の臓器が機能しなくなったということは寿命が尽きたということですから、そのまま旅立っていくのが自然です。しかし、社会が臓器移植を認めているいま、それに反対する立場はとっていません。

「菩薩行《ぼさつぎょう》」

文字どおり、菩薩のおこないですが、臓器移植は菩薩行だとするのが、現在の仏教の考え方です。自分の臓器の一部を提供する、あるいは、自分が旅立ったあと、その臓器を他の人に活かしていただく。そのおこないを菩薩行だと解釈すれば、臓器移植も「よし」とできるとしているのです。

もちろん、無償での提供が大前提です。臓器売買などは論外であることはいうまでもありません。

一方、いまは延命治療もおこなわれています。かりにわずかにでも甦る可能性があるのであれば、延命治療は意味のあることでしょう。しかし、その可能性がないということなら、機械に生かされているわけですから、寿命としては尽きていると解釈してもいいのではないでしょうか。

ただし、これにもさまざまな考え方があると思います。植物状態でも治療を続けてほしいという人もいるでしょう。その意思はしっかりしているうちに、看取る人に伝えておくべきではないでしょうか。エンディングノートのようなものに書いておくというのでもいい。

いざその段階になって、見守る家族が延命治療を続けるか、打ち切るかを決断するのは酷というものです。きょうだい（親子）間で意見がちがうこともあるでしょうし、植物状態とはいえ、配偶者や親の死をみずから〝決定〟するのは、やはり忍びない思いがあって当然です。

看取る人にできるだけ心の負担をかけない。仕舞い支度としてやっておきたいことのひとつです。

葬儀はどうするか

現在は葬儀のかたちもさまざまになってきています。広く関係者にお知らせして、通夜、葬儀をおこなうというのが、従来の葬儀のかたちでしたが、近頃は家族だけでおこなう「家族葬」、ご遺体をいったん安置したあと、出棺して火葬場に移動し、通夜、葬儀をおこなわずに火葬する「直葬《じきそう》」などを選ぶ人も増えているようです。

どのような葬儀にするかを決めておくことも、重要な仕舞い支度でしょう。もちろん、本人、家族の考えによって決定すればいいのですが、葬儀後に予想される事態も考慮に入れておくことが必要だと思います。わたしの寺のお檀家さんにこんなケースがありました。

東京都につとめていた公務員の女性が現役中に亡くなったのです。ご主人はすでにリタイアしていましたが、ご葬儀の希望を次のようにいわれたのです。

「家内はつきあいが広かったものですから、関係者にお知らせるとすごい人数で大変なことになると思います。家族だけでやりたいのですが……」

ご葬儀は希望どおり、親戚にも知らせず、ご主人と娘さんご夫婦と、そのお子さんだけで執りおこないました。職場にはご葬儀後に知らせたのですが、それからが大変でした。職場でかなりの地位にあったこともあって、「お線香をあげさせてください」と自宅を訪れる人が引きもきらず。ご主人は朝から晩までその応対に忙殺されることとなったのです。四十九日の納骨がすんでからも、訪れる人は絶えず、ご主人は日に何度も墓所に案内しなければならなくなったのです。

その疲れもあったのでしょう。ご主人は脳梗塞で倒れてしまった。そして、その後六年間、寝たきりになって亡くなりました。後日、娘さんはこんなふうに話されました。

「みなさんにお知らせして葬儀に来ていただいていたら、それですんでしまっていたのにと思います。父も倒れることはなかったかもしれません。葬儀はあとのことも考えてしないといけませんね」

実際、同じようなことはよくあるようです。現役で亡くなったり、リタイアしてほどなく亡くなったりした場合は、おつきあいのある人が大勢います。家族葬にしたとしても、その後お参りしたいという人が訪ねてくるのは、十分予想されることです。

リタイア後一〇年、二〇年と経っていれば、おつきあいも薄れますから、家族葬もいいと思いますが、亡くなった時期を考慮するということも、葬儀のかたちを決めるうえで大切なことです。

「戒名」とは何か

亡くなった人には僧侶が「戒名」を授けます。いまはご戒名はいらないという人がいますが、少なくともご戒名の意味を知ったうえで、必要か、必要でないかの判断をしていただきたいと思います。

ご戒名は本来、生前に授けるものでした。それを「安名授与《あんみょうじゅよ》」といいます。その際に必ず唱えるお経があります。『懺悔文《さんげもん》』です。

我《が》昔《しやく》所《しよ》造《ぞう》諸《しよ》悪業《あくごう》↓わたしが昔からつくってきたさまざまな悪業《あくごう》は
皆《かい》由《ゆ》無《む》始《し》貪《とん》瞋《じん》癡《ち》↓遠い過去から積み上げてきた貪瞋癡によるものです
従《じゆう》身《しん》口《く》意《い》之《し》所《しよ》生《しよう》↓それは身、口、意でおこなった三業《さんごう》からうまれたものです
一切《いっさい》我《が》今《こん》皆《かい》懺悔《さんげ》↓いま、わたしはそれらすべてを懺悔《さんげ》します

ちなみに、三段目の身、口、意とはふるまい、言葉、心のことです。この懺悔文を唱え

ることは、それまでに犯してきたあらゆる罪を悔いあらため、綺麗な心で、仏様の教えを守り、戒にしたがって生きていきます、という誓いを立てることです。その証として授けるのがご戒名なのです。

わたしの寺でも生前にご戒名を授けることがあります。ご本人からそれまでの人生や性格、好きなことや座右の銘などをうかがい、それらを考え合わせてご戒名をふたつつくります。どちらにするかはご本人に選んでいただくのです。

いまの時代は両親が亡くなり、未婚で、子どもも、きょうだいも、親戚もいない、という人が少なからずいます。亡くなったら葬儀の手配をする人がいないわけです。そんなケースではお寺に相談して、生前にご戒名を授かり、葬儀や供養についても、取り決めをしておくのがいいのではないでしょうか。

家族や身内がいる人は、亡くなってからご戒名を授かることが多いと思いますが、自分にどんなご戒名がつけられたかはわかりません。もちろん、考え方によりますが、生前にご戒名を授かっておくということを、仕舞い支度に加えてもいいような気がします。

いずれにしても、ご戒名を授かって故人は仏様になります。俗名のままでは仏様になることはできません。

献体をどう考えるか

亡くなったあと自分の身体を医学機関に提供する献体は、医学の研究、発展に寄与する尊い行為だと思います。それを踏まえたうえで、献体に関しても、知っておかなければいけないことがあります。

これはわたしの寺のお檀家さんの例ですが、亡くなったお母さんが献体の登録をしていたのです。大学病院はご遺体が傷まないうちに引き取ります。どのように対処していいかわからなくなったご遺族から相談を受けたのです。

「母の遺体がないのですが、葬儀はどのようにしたらいいでしょうか？」

ご遺体が戻ってくる時期をうかがうと、なんと、三年先だという答えでした。しかも、茶毘に付されてご遺骨が帰ってくるというのです。献体するというのは、ご本人の意志ですから、尊重されてしかるべきですが、献体についての詳細をきちんと知ったうえで、できれば、家族とも相談して決めるのがいいのではないでしょうか。

このご遺族には「ご遺体がなくても葬儀はしましょう」と提案しました。戦時中は戦地で亡くなると、和紙に本籍や所属、階級、戦死した場所などがタイプされた「死亡告知書」と呼ばれる書面が、都府県知事名で遺族のもとに届けられました。

その一枚の紙をご遺体に見立てて、葬儀は通常どおりおこなわれたのです。ご遺体はなくても、故人を悼む気持ち、偲ぶ思いは変わることはありません。それを表現するのはやはり葬儀でしょう。

葬儀を通してご遺族をはじめ、故人とゆかりのあった人びとが、お別れを告げ、悲しみを共有する。そのことが大事なのだと思います。

このご遺族も写真とお位牌で葬儀を執りおこないました。ご遺骨はありませんが、新盆も、一周忌、三回忌の法要も催したのです。葬儀をおこなうことでひとつのけじめがつき、故人を送ったという気持ちになれますし、その後も、写真とお位牌に毎日手を合わせて、お参りすることもできます。

二年先、三年先にご遺骨が帰ってくるのを待っていたのでは、その間、気持ちの整理がつかないのではないでしょうか。

「死んだら献体しようと思うので、理解してほしい。葬儀は通常どおりしてください」

生前に家族に相談していなければ、そんな一筆を書き残しておきましょう。

お墓は必要か

ご遺骨の埋葬方法も多様化しています。海に遺骨をまく「散骨」、樹木を墓石代わりにする「樹木葬」、さらには人工衛星やバルーンで宇宙に葬る「宇宙葬」など、しばらく前までは考えられなかった方法も登場しています。

お墓をつくらず、それらの方法を選択する人の多くは、将来お墓を守ってくれる人、「墓守り」がいないという事情があるようです。子どもがなく、夫婦が逝ったあとは誰もお参りする人がいないといったケースです。

費用などクリアすべき問題はありますが、そんなケースでもお寺や墓所に永代供養をしてもらうことはできますし、やはり、お墓はあったほうがいい、とわたしは考えています。

そこに行けば故人と会える。お墓はそういう場所です。故人を偲ぶにはその場所に立って向き合うことが大切です。手を合わせることの意味についてはすでに説明しましたが、相対して合掌してこそ、故人と心をひとつにできるのではないでしょうか。

たとえば、散骨をしたという場合、故人と会う場所、お参りする場所がないわけです。

実際、散骨をした人のお孫さんから、

「ねぇ、どこにいったらおじいちゃんのお参りができるの？」

と尋ねられ、周囲は返答に困ってしまったという話も聞きます。法要をはじめ、折々にお参りに行くことで、故人との〝対話〟ができます。自分の近況を語ったり、悩みを打ち明けたり……。そして、

「こんなとき親父だったらどうしただろうか？」

と考えることは故人の声を聞くことでしょう。また、生前は気づかなかったことに気づくのも、そんな対話のなかでだと思います。

「あのおふくろのひとこと。そうか、そういう意味だったんだ。あのときは聞き流してしまったけれど、ほんとうに自分を思ってくれていたんだなぁ」

亡くしてから故人のすごさ、やさしさ、ありがたさがわかった、という話をご遺族からよく聞きます。その気づきは残された人たちの生き方の指針になったり、成長の糧になったりするにちがいありません。

逝ったあとの自分とゆかりのある人たちとを繋ぐ場所。そこにお墓のもっとも大事な意味があるのだと思います。

付録

坐禅のすすめ

朝の時間に坐禅を取り入れる

「朝のすごし方」にもっとも取り入れてほしいのは「坐禅」です。自由になる時間がたっぷりあるリタイア後の毎日は、それまでの日々とは明らかにちがったものになるはずです。当初は、あれもしたいこれもしたい、という思いでいっぱいになるかもしれませんが、それがずっと続くとはかぎりません。具体的に行動を起こさなければ、しだいに思いも気力も、萎んでいってしまいます。

とにかく動き始める。何でもいいのですが、ここは坐禅に取り組んでみてはいかがでしょうか。

「坐禅は、何のためにするのですか?」

こんな質問をよく受けます。しかし、坐禅をすることに目的はありません。ただすわる。**「只管打坐」**という禅語をすでに紹介しました（102ページ）が、まさに、この禅語そのものを体感すればいいのです。朝の時間帯にただすわる時間をもつことで、その日一日を穏やかで、なだらかな心持ちですごせることはまちがいないところです。

坐禅を始めるにあたっては、できれば禅寺でおこなわれている「坐禅会」に参加して正しい所作を体得していただきたいのですが、まずここで紹介する方法で、坐禅の心地よさを、すばらしさの一端を、身体と心で感じてください。

では、その方法です。坐禅は「調身」「調息」「調心」の三つの要素で成り立っています。「調身」はすわる姿勢をととのえること、「調息」は呼吸をととのえることです。そして、姿勢と呼吸がととのうと、自然と心もととのってきます。それが「調心」です。

ただし、坐禅を始めるにあたっては、自分の身体の状態とよく相談しましょう。長年〝運動〟とは無縁でいたのであれば、身体の柔軟性は衰えていることもあるでしょう。ひざなどの関節に痛みを抱えているのであれば、無理をすることはありません。

可能な〝可動域〟の範囲で、それを見きわめておこなっていけばいいのです。

床にすわるのが難しいのであれば、椅子にすわって坐禅をするという方法もあります。坐禅の三要素はこのスタイルでも変わることはありません。大切なのは、朝すわることで、心をととのえ、毎日をすごすことです。

すわる時間は、最初は一〇分くらいでもいいでしょう。通常はお線香が一本燃え尽きる時間、四〇分ほどおこなうのですが、長さより〝習慣〟にすることを心がけましょう。

以下、坐禅のやり方を解説します。

坐禅の所作

姿勢をととのえる

①足を組む

足の組み方には、両足を組む「結跏趺坐《けっかふざ》」、片足を組む「半跏趺坐《はんかふざ》」があります。どちらのすわり方でもかまいません。ひざや股関節の柔軟性や、左右差もありますから、足をどう組むかは、自身の身体の状態から判断してください。

この組み方に無理があるのであれば、最初は無理をしないこと。両ひざを開いて、軽く正座するような組み方でもかまいません。

おしりの下には〝坐蒲《ざふ》〟という坐禅専用の座布団を敷き、その中心から少し手前におしりの位置を置きます。坐蒲がなければ、座布団で代用することもできます。二つ折りにして、折ったほうを後ろ側にします。

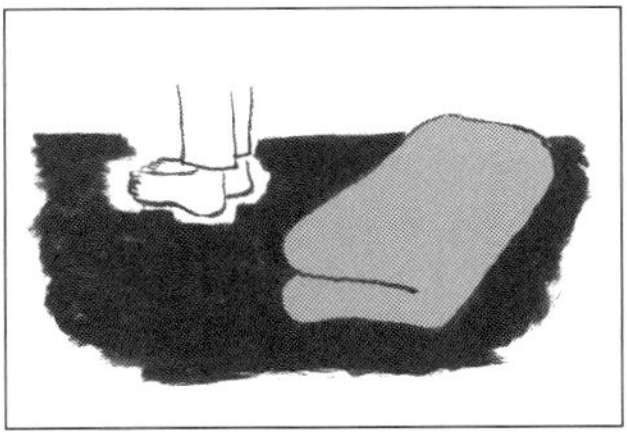

坐蒲がなければ座布団で代用

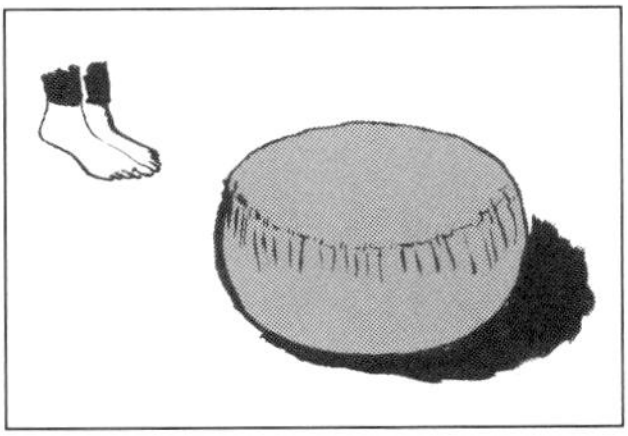

坐蒲

半跏趺坐

右足を左足太もも下あたりに深く入れ、左足を右股関節あたりに深くのせます。左右は逆でもかまいません。

結跏趺坐

右足を左足の股関節あたりに深くのせ、次に左足を右股関節あたりに重ねます。

＊ポイント　すわり方のポイントは、おしり、両ひざの三点で上体を支える、ということです。この三点を意識すると、上体がすっと立ちやすくなります。

②上体をととのえる

足を組んだら上体の〝立て方〟がとても重要なポイントになります。おしり、両ひざの三点を意識して、腰（骨盤）を立てます。そうすると、おなかがグッと前に出て、背筋がまっすぐに伸びます。

その姿勢がととのったら、手を組みます。「法界定印《ほっかいじょういん》」。これはお釈迦様が悟りを開いたときの姿を示しているといわれています。

次におこなうのが「左右揺振《さゆうようしん》」です。右に左に、上体を左右に揺らします。最初は大きく、しだいに揺れを小さく、すわり心地が〝じっくり〟したと感じたところでとめます。

【法界定印】

両手のひらを上に向けます。右手のひらを下に、その上に左手を、指と指を重ねるようにのせます。手のひらに卵を包み込むイメージで親指と親指を軽く触れあわせ、組み合わせた手を下腹部あたり、おへその延長線上の身体の中心に置きます。強く押しつけない程度の距離を保つと自然とひじが引かない、身体に触れない位置が決まります。

【左右揺振】

坐禅では、身体に力を入れず、自然なところに身体をストンと落とすことが必要です。肩に力が入ったり、背筋を伸ばすことに意識が向いたり……。そうした意識を削ぎ落とす動き、それが左右揺振です。肩に力を入れずに身体を揺らしていると、なだらかに、両腕が身体に添っていきます。

＊**ポイント**　腰（骨盤）の立て方が、「調身」を決めるポイントといっていいかもしれません。ここがととのわないと、法界定印の位置も定まりません。

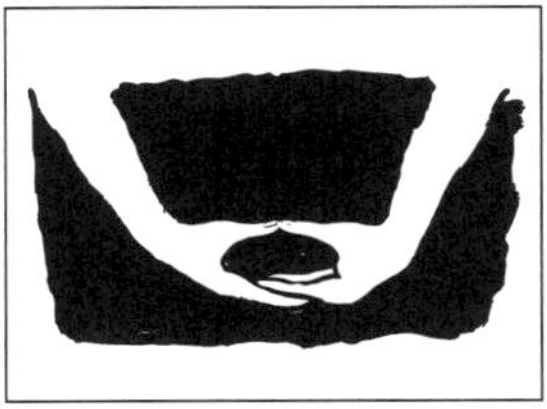

法界定印

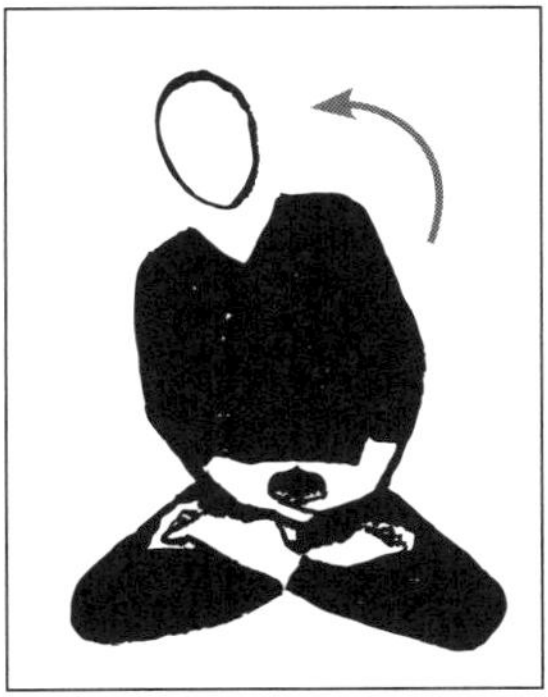

左右揺振

呼吸をととのえる

①目線を定める

姿勢がととのったら、次は呼吸です。坐禅の呼吸は「丹田呼吸《たんでんこきゅう》」。おへその下二寸五分（約七・五センチ）の位置が丹田です。ちょうど、法界定印を結んでその手を置いた位置だと考えてください。

丹田を意識して、まず、目線を定めます。坐禅では目を閉じません。半眼。薄く目を開けて前方、約一メートル先の床に目線を置きます。目の角度は四五度です。

②欠気一息《かんきいっそく》

次に「欠気一息」をします。身体のなかの邪気を吐き出すように、口で数回大きく呼吸をします。

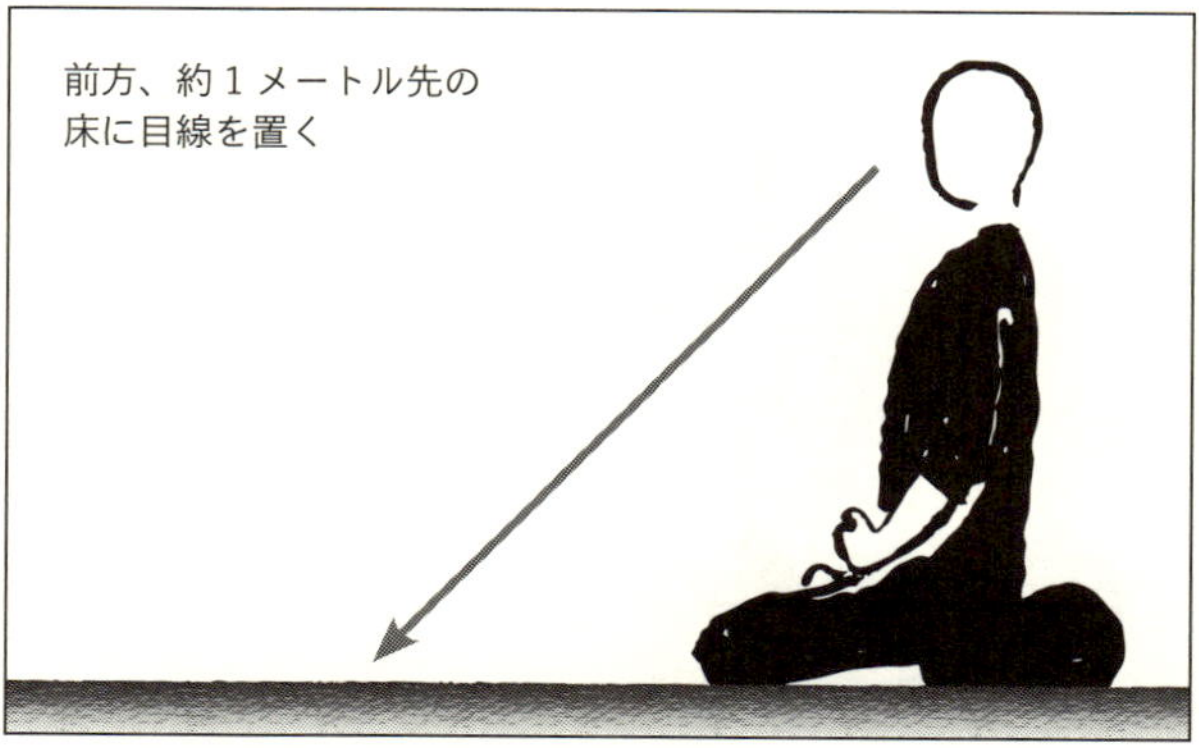

③丹田呼吸

ここから丹田呼吸に移ります。舌先を上あごの歯のつけ根あたりに軽くつけ、口を閉じます。この状態からゆっくりと鼻から息を吐き出し、吐ききります。すると、自然に鼻から息が入ってきます。息は丹田まで落としましょう。これを繰り返すのが丹田呼吸です。

④心をととのえる

坐禅を続けていくうちにわかると思いますが、姿勢と呼吸がしっかりととのうと、自然に心がととのって、穏やかに、安らかになってきます。その心地よさは格別です。それまで気づかなかった風のそよぎや、小鳥のさえずりなどが、感じられるようになるのです。自然と一体になった自分がそこにいる。その清々しさ、爽快感とともに一日をすごしてください。

舌先を上あごの歯のつけ根あたりに軽くつけ、口を閉じる

椅子坐禅の所作

椅子坐禅は正式な坐禅とは異なりますが、その基本的な所作は変わりません。〝坐禅入門〟としては、こちらのほうが取り組みやすいかもしれません。

①椅子にすわる

椅子の背もたれから少し離れた位置に浅く腰かけます。足は前に出したり、引いたりせずに、ひざの角度が九〇度になるようにします。

次は足幅を決めます。両ひざの間はこぶし二つ分ほど開き、足裏は床にぴたりとつけます。

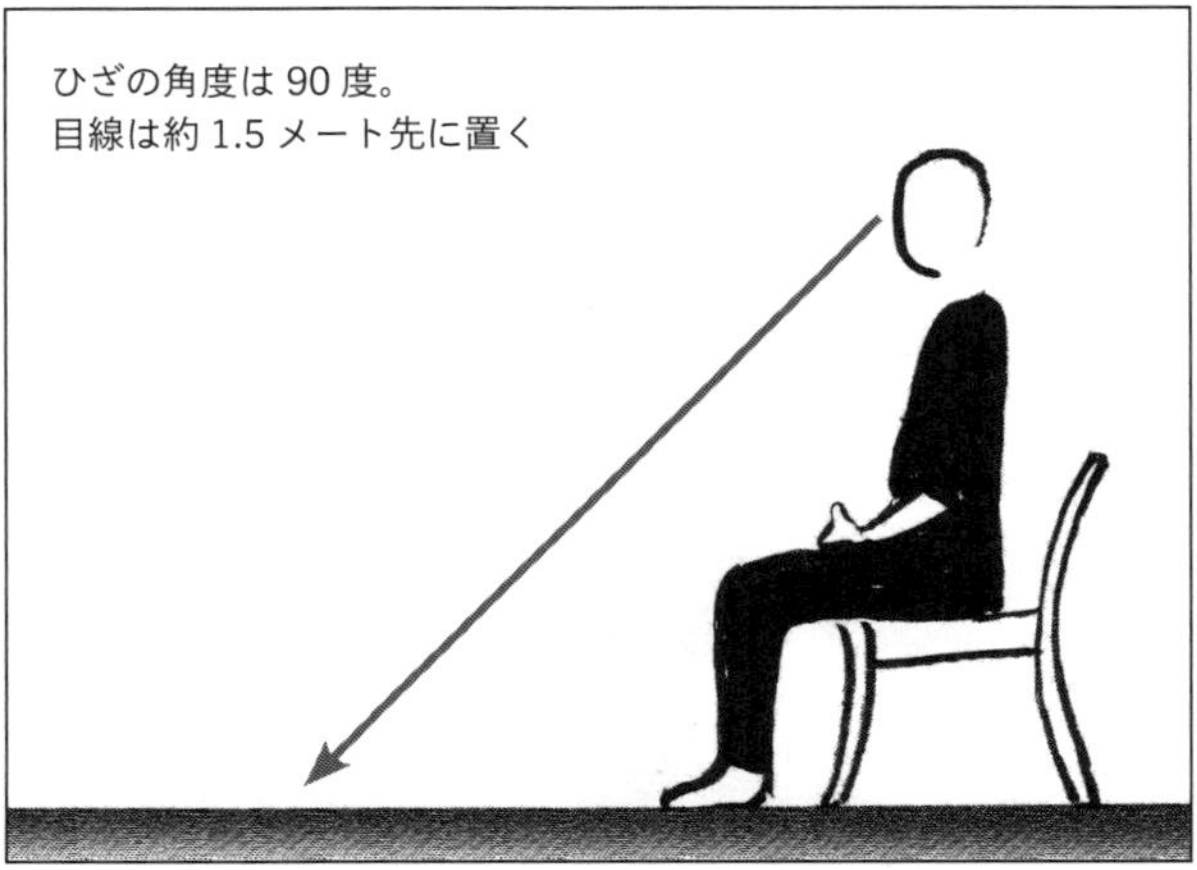
ひざの角度は 90 度。
目線は約 1.5 メート先に置く

②上体をととのえて左右揺振

正式な坐禅では、おしりと両ひざの三点で上体を支えましたが、椅子坐禅の場合は、おしりと両足の裏を意識して上体を定めます。法界定印を結び、腰（骨盤）を立てます。おなかをグッと前に出すと、背筋が上に伸びます。

次におこなうのは左右揺振。おしりと両足裏の三点を意識して、左右に、最初は大きく、徐々に小さく上体を揺らして、すわり心地がしっくりきたところでとめます。

③目線を定めて呼吸をととのえる

目は閉じずに（半眼）、前方に視線を向けます。正式な坐禅では、目線の位置は一メートルほど前方でしたが、椅子坐禅では一・五メートルほど先に目線を置きます。目線の角度は四五度です。

呼吸の仕方は、正式坐禅と同じです。「欠気一息」をして、「丹田呼吸」をできるかぎりゆっくりと、長く繰り返します。坐禅の熟練者では一分間に三〜四回という人もいますが、まずは一分間に七〜八回程度の呼吸を目指しましょう。

あとがき

人生のどの時期も精いっぱいの自分で充実して生きる。わたしはそれが禅の教えに沿った生き方だと思っています。しかし、これが難しい。仕事に打ち込むことができる現役時代はまだしも、六〇歳を超えて仕事から退いてからは、何かを精いっぱいやっている自分を、そして、充実してその日を生きている自分を、なかなか感じられないというのが実情ではないでしょうか。

その原因の根本にあるのは、意識するしないにかかわらず、現役時代を引きずってしまっていることです。それをスパッと断ちきって六〇歳から「生まれ変わる」。精いっぱいの自分も、充実した日々も、そこにあるのです。

本書を一読してくださったみなさんは、そのことをおわかりだと思いますし、すでに生まれ変わるべく歩を進めていることでしょう。こんな禅語があります。

「**無一物中無尽蔵**《むいちもつちゅうむじんぞう》」（『東坡禅喜集《とうばぜんきしゅう》』）

何ひとつもっていないからこそ、無限の可能性がある、どのような自分にもなれる、どんな生き方だってできる、といった意味です。

生まれ変わったみなさんのいまの状態がまさにそれです。必要なのは「**禅即行動**」、あれやこれやと考えていないで、とにかく動くことです。本書にあるどの項目でもいいですから、すぐにも実践してください。

それは必ず、精いっぱいの自分と出会うことに、その日を充実させることに、繋がっていきます。いうまでもなく、それが禅の心で生きるということです。

自分らしく、思うがままに、輝いて、生きられるのは、六〇歳以降です。さあ、みなさん自身でそのことを実感してください。本書がその一助にでもなれば、著者としてそれ以上の慶びはありません。

二〇一八年　三月吉日　建功寺方丈にて

合　掌

枡野俊明

枡野俊明（ますの・しゅんみょう）
一九五三年、神奈川県生まれ。曹洞宗徳雄山建功寺住職、庭園デザイナー、多摩美術大学環境デザイン学科教授。玉川大学農学部卒業後、大本山總持寺で修行。「禅の庭」の創作活動をおこない、国内外から高い評価を得る。芸術選奨文部大臣新人賞を庭園デザイナーとして初受賞。ドイツ連邦共和国功労勲章功労十字小綬章を受章。二〇〇六年、『ニューズウィーク』日本版「世界が尊敬する日本人１００人」に選出される。著書に『禅と禅芸術としての庭』（毎日新聞出版）、ベストセラー『禅―シンプル生活のすすめ』（三笠書房）、『禅が教えてくれる美しい人をつくる「所作」の基本』（幻冬舎）などがある。作品集に『禅の庭―枡野俊明の世界』『禅の庭Ⅱ―枡野俊明作品集２００４-２００９』『禅の庭Ⅲ―枡野俊明作品集２０１０-２０１７』（いずれも毎日新聞出版）など。

六〇歳《さい》から「生《う》まれ変《か》わる」禅《ぜん》の作法《さほう》

印刷……二〇一八年四月一五日
発行……二〇一八年四月三〇日

著者……枡野《ますの》俊明《しゅんみょう》

発行人……黒川昭良
発行所……毎日新聞出版
〒一〇二－〇〇七四
東京都千代田区九段南一丁目六－一七　千代田会館五階
営業本部　〇三－六二六五－六九四一
図書第二編集部　〇三－六二六五－六七四六

編集協力……コアワークス
印刷・製本…中央精版印刷

ISBN978-4-620-32492-0